NOMENCLATURE

DU

DE VIRIS ILLUSTRIBUS

URBIS ROMÆ,

MISE DANS UN ORDRE CONFORME A LA MÉTHODE

DE M. J. J. ORDINAIRE,

POUR L'ENSEIGNEMENT DES LANGUES.

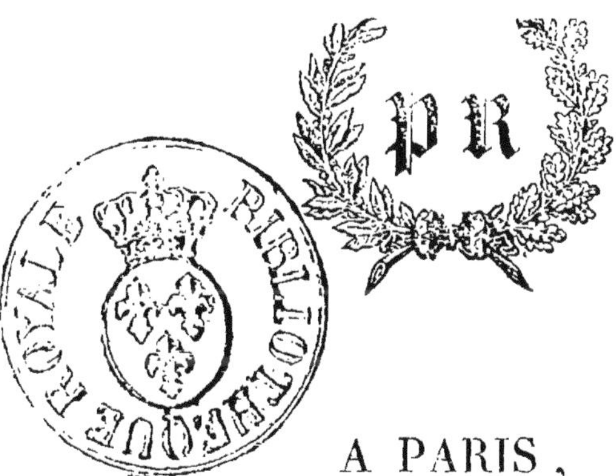

A PARIS,

CHEZ ANT.-AUG. RENOUARD, LIBRAIRE,

RUE DE TOURNON, N° 6,

ET CHEZ

LOUIS COLAS, LIBRAIRE, RUE DAUPHINE, N° 32.

M. DCCC. XXIV.

OUVRAGES *de M.* J. J. ORDINAIRE *qui se trouvent chez les mêmes Libraires.*

Méthode pour l'Enseignement des Langues, Introduction et Manuel. 1 vol. in-12 broché. . . . . 2 fr.

129 Tableaux de Désinences et de Nomenclatures, en feuilles . 32 fr.

NOTA. Un seul exemplaire suffit à une école, quelque nombreuse qu'elle soit.

Livret de Désinences, contenant les déclinaisons, les conjugaisons et les règles de la syntaxe latine; deuxième édition, 1 vol. in-12 br. 1 fr. 50 c.

Nomenclature de l'*Epitome historiæ sacræ*; deuxième édition, 1 vol. in-12 broché. . . . . 1 fr. 50 c.

AVERTISSEMENT.

Les mots du *de Viris* qui se trouvent dans l'*Epitome historiæ sacræ* et dans la Syntaxe de Lhomond ne sont pas répetés dans ce livret, parce qu'ils sont déjà connus des élèves instruits d'après la nouvelle méthode.

La nomenclature du *de Viris* a été rédigée dans l'institution de M. AUGUSTE MICHELOT. On a consulté avec soin les Dictionnaires de Noël, d'Auvray, de Danet, et la Grammaire de Port-Royal.

Les élèves doivent commencer à apprendre ce livret, lorsqu'ils ont traduit la moitié de l'*Epitome historiæ sacræ*.

NOMS SUBSTANTIFS.

Première Déclinaison. — (1) *

(Ier TABLEAU — *ROSA*.)

NOMS MASCULINS.

Radical.	*Désinences.*	
Colleg-	a	collègue, égal en fonctions, en dignité, compagnon.
Incol-	a	habitant.
Lanist-	a	maître d'escrime.
Perfug-	a	transfuge, déserteur, réfugié.
Scrib-	a	écrivain, copiste, scribe, greffier.
Scurr-	a	bouffon, parasite.
Pirat-	a	pirate, corsaire.
Vern-	a	esclave né dans la maison de son maître.

NOMS FÉMININS.

Abstinenti-	a	abstinence, diète; modération, désintéressement.
Adolescenti-	a	adolescence, jeune âge.
Agricultur-	a	agriculture, labourage, art de cultiver.
Al-	a	aile d'oiseau; aile d'armée; corps de cavalerie.
Ale-	a	jeu de hasard (particulièrement de dés); sort, fortune, danger.
Anchor-	a	ancre de navire; dernière espérance, refuge.
Ancill-	a	servante; vil courtisan.
Angusti-	a	disette; détresse, infortune, angoisse; défilé.

(*) Le numéro placé entre parenthèses indique celui de la feuille où se trouve le tableau de désinences auquel on renvoie.

Première Déclinaison. — (1)

(Ier TABLEAU — *ROSA.*)

NOMS FÉMININS.

Radical.	*Désinences.*	
Aquil-	a	aigle (oiseau); aigle romaine (enseigne militaire des Romains).
Arc-	a	coffre, cassette, armoire, cavité, enfoncement; arche.
Aren-	a	sable, gravier, rivage, arène.
Argentari-	a	banque, commerce d'argent.
Astuci-	a	ruse, adresse, fourberie; malice, astuce.
Audaci-	a	audace, hardiesse, intrépidité, présomption.
Balist-	a	baliste (machine de guerre propre à lancer des pierres).
Barb-	a	barbe.
Blanditi-	a	caresse, flatterie, douceur.
Bull-	a	bulle, petite bouteille; ornement des enfans des patriciens et des triomphateurs romains.
Cas-	a	case, cabane, chaumière, maisonnette.
Censur-	a	dignité de censeur, censure; jugement, examen; gravité outrée.
Centuri-	a	centaine; compagnie de cent cavaliers; centurie (division du peuple romain).
Cer-	a	cire, tablettes; portrait.
Clausul-	a	conclusion, terme; clause.

Première Déclinaison. — (1)

(Ier TABLEAU.—*ROSA.*)

NOMS FÉMININS.

Radical.	*Désinences.*	
Clementi-	a	clémence, bonté, douceur, modération.
Client-	a	cliente, vassale.
Cœn-	a	repas du soir, souper, dîner.
Conch-	a	coquille, coquillage, conque.
Continenti-	a	contenance; voisinage; continence, modération.
Coron-	a	couronne; cercle; assemblée; prix.
Crepid-	a	chaussure grossière, pantoufle.
Crumen- } Crumin- }	a	bourse.
Culcit- } Culcitr- }	a	lit, matelas, oreiller.
Curi-	a	curie (division du peuple romain); temple, palais, sénat; barreau.
Decuri-	a	Décurie, dixaine, nombre de dix hommes (soldats, gens de justice).
Dictatur-	a	dictature (dignité romaine).
Diligenti-	a	choix; diligence; exactitude, attention.
Discordi-	a	discorde, division, discussion.
Eclog-	a	églogue (entretien de bergers); choix, élection.
Eleganti-	a	élégance, grâce, bon goût; ornement.
Eloquenti-	a	éloquence.

Première Déclinaison. — (1)

(Ier TABLEAU.—*ROSA.*)

NOMS FÉMININS.

Radical.	*Désinences.*	
Femin-	a	femelle, femme, dame.
Figur-	a	figure, forme.
Furc-	a	fourche.
Furcul-	a	petite fourche.
Gaz-	a	trésors, biens, richesses.
Herb-	a	herbe, verdure.
Hydr-	a	hydre (serpent fabuleux à sept têtes, tué par Hercule).
Ignoranti-	a	ignorance, défaut d'instruction, stupidité.
Impens-	a	dépense, frais.
Incol-	a	habitante.
Inconstanti-	a	inconstance, légèreté.
Incuri-	a	négligence, défaut de soin, incurie.
Industri-	a	activité de l'esprit, application, industrie, adresse.
Inful-	a	mitre, turban.
Insani-	a	démence, folie.
Insciti-	a	ignorance, incapacité, insuffisance.
Insolenti-	a	défaut d'habitude, nouveauté; insolence, arrogance.
Insul-	a	île.
Janu-	a	porte, entrée; commencement.
Justiti-	a	justice, équité, droiture; bonté.
Juvent-	a	jeunesse, jeune âge.
Lacern-	a	casaque.
Læv-	a	main gauche, côté gauche, la gauche.

Première Déclinaison. — (1)
(Ier TABLEAU—*ROSA*.)

NOMS FÉMININS.

Radical.	*Désinences.*	
Lamin-	a	lame, feuille de métal ou de toute autre matière.
Latebr-	a	retraite, repaire, refuge; excuse.
Laure-	a	feuille ou couronne de laurier.
Lectic-	a	litière, brancard.
Libr-	a	livre (poids); balance.
Licenti-	a	permission de, licence; abus de liberté, dérèglement de mœurs.
Lucern-	a	lampe, flambeau.
Luct-	a	lutte, exercice de la lutte.
Luxuri-	a	luxe, somptuosité, profusion; dérèglement, luxure.
Machin-	a	machine, instrument; adresse, artifice.
Magnificenti-	a	magnificence, pompe, faste, sublimité.
Matron-	a	dame de distinction, mère de famille, matrone.
Merend-	a	repas des journaliers, goûter.
Militi-	a	guerre, combat, art ou métier de la guerre; milice.
Molesti-	a	ennui, chagrin, embarras, importunité.
Mulct- / Mult-	a	amende, peine pécuniaire.
Muliercul-	a	pauvre femme; femmelette.
Munditi-	a	propreté, netteté.
Muræn-	a	lamproie (poisson).
Muri-	a	saumure.

Première Déclinaison. — (1)
(Ier TABLEAU.—*ROSA.*)

NOMS FÉMININS.

Radical.	*Désinences.*	
Natur-	a	nature; disposition, qualité, génie, instinct.
Naumachi-	a	Naumachie (représentation d'un combat naval, lieu où on la donnait).
Navicul-	a	petite barque.
Nebul-	a	brouillard épais, nuée.
Noctu-	a	chouette, hibou.
Novacul-	a	rasoir.
Noverc-	a	belle-mère, marâtre.
Od-	a	ode (pièce de vers).
Off-	a	pâtée.
Offens-	a	offense, faute; déplaisir, mécontentement.
Palæstr-	a	lutte, lieu où l'on s'exerçait à la lutte; adresse.
Palpebr-	a	paupière.
Parcimoni-	a	épargne, économie, parcimonie.
Patell-	a	petit vase. (Il servait dans les sacrifices.)
Penul-	a	manteau, casaque.
Penuri-	a	besoin, disette, pénurie.
Perfidi-	a	perfidie, infidélité, trahison.
Periti-	a	habileté, savoir, science, érudition, expérience.
Pertic-	a	perche.
Pestilenti-	a	peste.
Pic-	a	pie.
Pice-	a	pin d'où l'on tire la poix.
Pil-	a	balle.

Première Déclinaison. — (1)
(Ier TABLEAU. — *ROSA.*)

NOMS FÉMININS.

Radical.	*Désinences.*	
Piscin-	a	vivier, réservoir (à mettre du poisson), piscine.
Placent-	a	gâteau.
Podagr-	a	goutte (maladie).
Præfic-	a	pleureuse (qu'on louait pour les funérailles).
Prætext-	a	prétexte (robe que les jeunes Romains portaient jusqu'à dix-sept ans).
Prætur-	a	préture (dignité dans Rome).
Procell-	a	tempête, orage; sédition, trouble.
Pueriti-	a	enfance, jeune âge.
Purpur-	a	pourpre, couleur de pourpre.
Quadrig-	a	char attelé de quatre chevaux, quadrige.
Quæstur-	a	questure (dignité dans Rome).
Querel-	a	plainte, lamentation; querelle.
Querimoni-	a	plainte.
Rap-	a	rave (plante potagère.)
Rapin-	a	rapine, vol, larcin, pillage.
Repuls-	a	refus, opposition.
Respublic-	a	république (on décline *res* et *publica*).
Sæviti-	a	cruauté, rigueur.
Satyr-	a	satire (ouvrage contre les vices, les ridicules).
Scaph-	a	chaloupe, esquif, canot.
Scen-	a	scène, décoration, théâtre.
Sched-	a	feuille; tablette; carte, billet.

Première Déclinaison. — (1)
(Ier TABLEAU — *ROSA.*)

NOMS FÉMININS.

Radical.	*Désinences.*	
Schol-	a	école, classe.
Scriptur-	a	écriture ; action d'écrire ; lettre, composition.
Scutr-	a	bouclier ; bassin creux.
Segniti-	a	lenteur, indolence, négligence, stupidité.
Selibr-	a	demi-livre.
Semunci-	a	demi-once.
Senect-	a	vieillesse, décrépitude ; antiquité.
Sole-	a	sandale ; sole du cheval ; sole (poisson).
Squam-	a	écaille de poisson.
Stol-	a	robe traînante (à l'usage des dames romaines.)
Subucul-	a	sorte de chemise ; sorte de gâteau sacré.
Tabell-	a	tablette, planche.
Tegul-	a	tuile.
Temperanti-	a	tempérance, abstinence, modération, frugalité.
Tibi-	a	os antérieur de la jambe, jambe ; flûte.
Turm-	a	compagnie de cavalerie, escadron ; foule, multitude.
Tutel-	a	clos, haie, rempart ; défense, protection, tutelle.
Vecordi-	a	mauvais cœur, démence, sottise, lâcheté, bassesse.
Verruc-	a	verrue, poireau.

Première Déclinaison. — (1)

(Ier TABLEAU. — *ROSA.*)

NOMS FÉMININS.

Radical.	*Désinences.*	
Vesper-	a	le soir.
Victim-	a	victime.
Vigilanti-	a	vigilance, forte attention, diligence.
Vill-	a	maison de campagne, ferme, métairie.
Vitt-	a	bandelette (large ruban dont on ornait la tête des prêtres et les victimes).

—(IIe TABLEAU. — *DOMINA.*) — (2) —

NOMS FÉMININS.

Catell-	a	petite chienne; petite chaîne.
Filiol-	a	petite fille.
Lup-	a	louve.

Deuxième Déclinaison. — (6)

(Ier TABLEAU. — *DOMINUS.*)

NOMS MASCULINS.

Radical.	*Désinences.*	
Accens-	us	attaché au service de quelqu'un; officier subalterne de guerre, de magistrature; recrue.
Advocat-	us	avocat, qui secourt; qui escorte.
Agell-	us	petit champ.
Architect-	us	architecte; inventeur.
Asyl-	us	asyle ou asile, refuge.

Deuxième Déclinaison. — (6)

(Ier TABLEAU. — *DOMINUS.*)

NOMS MASCULINS.

Radical.	*Désinences.*	
Autumn-	us	automne.
Calce-	us	soulier, chaussure.
Capul-	us	cercueil; garde ou poignée d'une épée.
Catul-	us	petit chien; petit d'un animal.
Circul-	us	cercle, collier, bracelet; assemblée.
Clipeol-	us	petit bouclier.
Clav-	us	clou, cheville; gouvernail.
Colaph-	us	soufflet, coup de poing.
Consobrin-	us	cousin.
Cons-	us	Consus (dieu du conseil chez les Romains).
Cont-	us	croc, javelot, pique, dard.
Cophin-	us	panier, corbeille.
Coqu-	us	cuisinier.
Cultell-	us	petit couteau, canif.
Denari-	us	denier.
Disc-	us	disque, pal[illegible]
Dol-	us	mauvaise foi, supercherie, adresse, fourberie.
Focul-	us	petit foyer, feu; réchaud.
Follicul-	us	petit sac de cuir, ballon; capsule, gousse.
Fund-	us	fonds de terre.
Funicul-	us	petite corde, ficelle.
Gutt-	us	burette, vase en usage dans les sacrifices.
Ham-	us	hameçon, harpon, croc, crochet.
Hastat-	us	piquier, lancier, hallebardier.

Deuxième Déclinaison. — (6).
(Ier TABLEAU. — *DOMINUS.*)

NOMS MASCULINS.

Radical.	*Désinences.*	
Jugul-	us	gorge, gosier.
Lani-	us	boucher.
Libell-	us	livret, registre; mémoire, libelle.
Libert-	us	affranchi.
Limb-	us	bord, frange; bande.
Luc-	us	bois sacré.
Lud-	us	jeu, divertissement, récréation.
Minotaur-	us	Minotaure (monstre fabuleux, moitié homme, moitié taureau).
Nas-	us	nez; goût, discernement.
Orbicul-	us	petit cercle.
Pagan-	us	paysan, villageois; païen.
Pædagog-	us	précepteur, pédagogue.
Pann-	us	drap, étoffe.
Patru-	us	oncle paternel.
Philosoph-	us	ami de la sagesse, philosophe.
Pile-	us	bonnet, chapeau.
Pil-	us	poil.
Piscicul-	us	petit poisson.
Pont-	us	mer; Pont-Euxin ou mer Noire; royaume de Pont, Bithynie.
Proav-	us	bisaïeul.
Psittac-	us	perroquet.
Pugn-	us	poing.
Pullari-	us	celui qui avait soin des poulets sacrés.
Pull-	us	petit d'un animal; poulain, ânon.
Re-	us	accusé, coupable.

Deuxième Déclinaison. — (6)
(Ier TABLEAU. — *DOMINUS.*)

NOMS MASCULINS.

Radical.	*Désinences.*	
Rog-	us	bûcher sur lequel on brûlait les corps morts.
Sagittari-	us	archer, arbalétrier; sagittaire (9e signe du zodiaque).
Sesterti-	us	sesterce (petite monnaie d'argent, valant 2 as et demi).
Socer-	us	beau-père.
Spons-	us	accordé, fiancé, époux.
Stimul-	us	aiguillon, pointe.
Stomach-	us	estomac; goût; colère, dépit.
Strepit-	us	bruit, éclat, son.
Titul-	us	titre, inscription.
Tribun-	us	tribun.
Turd-	us	grive (oiseau); esturgeon (poisson).
Vall-	us	pal, pieu; retranchement, pallissade; van.
Vicari-	us	celui qui est à la place d'un autre, substitut, lieutenant, vicaire.
Vic-	us	quartier, rue, village.
Villic-	us	fermier, métayer.

NOMS FÉMININS

Alv-	us	ventre, intestins, entrailles.

NOMS MASC. *formés d'adject. et n'ayant que le pluriel.*

Decuman-	i	orum	décimateurs, fermiers des dîmes; soldats de la 10e légion.

Deuxième Déclinaison. —(6)

(Ier TABLEAU.—*DOMINUS.*)

NOMS MASCUL. *formés d'adject. et n'ayant que le pluriel.*

Radical.	*Désinences.*		
Evocat-	i	orum	vieux soldats, rappelés dans les dangers de la patrie; milices.
Fast-	i	orum	calendrier des Romains marquant les jours de fêtes; annales, fastes.
Ferentari-	i	orum	chevau-légers (sorte de troupes).
Oppidan-	i	orum	habitans d'une ville assiégée.
Patrici-	i	orum	patriciens (nobles de Rome); patrices.
Priman-	i	orum	soldats de la 1re légion.
Rorari-	i	orum	archers armés à la légère.
Triari-	i	orum	triaires (3e corps de troupes de réserve).
Veteran-	i	orum	vétérans (soldats retirés après vingt ans de service).

—(IIe TABLEAU—*PUER.*)—(7)—

NOMS MASCULINS.

Aquilifer		i	enseigne, porte-enseigne.
Arbit-	er	ri	arbitre, juge; souverain.
Decemvir		i	décemvir (noms des magistrats qui succédèrent aux consuls).
Magist-	er	ri	maître, qui dirige, qui instruit.

—(IIIe TABLEAU.—*FILIUS.*)—(8)—

NOMS MASCULINS.

Juli-	us	juillet	mois de l'année.
Maï-	us	mai	mois de l'année.
Marti-	us	mars	mois de l'année.
Modi-	us	muid, boisseau, mesure.	

2

Deuxième Déclinaison.—(9)

(IVe TABLEAU. — *DEUS.*)

NOMS FÉMININS.

Radical.	*Désinences.*	
Myrt-	us	myrte (arbrisseau).
Tax-	us	if (arbre).

—(VIe TABLEAU. - *TEMPLUM.*) - (11)—

NOMS NEUTRES.

Acet-	um	vinaigre.
Ædifici-	um	édifice, bâtiment.
Aliment-	um	aliment, nourriture, subsistance.
Amphitheatr-	um	amphithéâtre.
Armamentari-	um	arsenal.
Asyl-	um	asile, refuge.
Aucupi-	um	chasse aux oiseaux.
Auguri-	um	augure, présage ; divination.
Aulæ-	um	tapis, tapisserie.
Balne-	um	bain.
Bellic-	um	signal de la trompette guerrière.
Bidu-	um	espace de deux jours.
Brachi-	um	bras; antenne des insectes.
Calceament-	um	chaussure.
Capitoli-	um	Capitole (temple et citadelle de Rome).
Capul-	um	cercueil; garde, poignée d'une épée.
Carpent-	um	char, voiture suspendue.
Cerebr-	um	cervelle, cerveau, tête; moëlle.
Classic-	um	trompette, son de la trompette.
Claustr-	um	clôture, barre, barrière, obstacle; opposition.

Deuxième Déclinaison. — (11)
(VIe TABLEAU. — *TEMPLUM.*)

NOMS NEUTRES.

Radical.	*Désinences.*	
Cocc-	um	écarlate.
Cœn-	um	boue, fange, bourbier.
Colloqui-	um	entretien, conférence, discours, colloque.
Comiti-	um	lieu où se tenaient les comices.
Compit-	um	carrefour.
Connubi-	um	mariage.
Convici-	um	bruit confus, clameurs; injure, outrage, sarcasme.
Cori-	um	cuir, peau préparée.
Cubicul-	um	chambre à coucher.
Decenni-	um	espace de dix ans.
Decret-	um	décret, ordonnance.
Deshonestament-	um	déshonneur, tache, flétrissure; difformité.
Desideri-	um	desir, souhait; regret; objet desiré.
Dicteri-	um	bon mot, raillerie.
Domicili-	um	demeure, habitation, domicile, maison.
Exerciti-	um	exercice.
Exordi-	um	principe, commencement, origine; exorde d'un discours, préambule.
Experiment-	um	expérience, épreuve, essai.
Extrem-	um	extrémité, bout, fin, terme.
Fan-	um	lieu consacré, temple, église.
Fat-	um	prédiction, oracle; destin, fatalité; malheur, mort.
Flagell-	um	fouet, baguette.

Deuxième Déclinaison. — (11)

(VIe TABLEAU. — *TEMPLUM.*)

NOMS NEUTRES.

Radical.	*Désinences.*	
Flamme-	um	voile de couleur de flamme (porté par les nouvelles mariées).
Fren-	um	mors de bride, frein, rênes.
Gran-	um	grain, graine.
Graphi-	um	poinçon, burin, stylet; pinceau.
Gremi-	um	sein, giron; milieu.
Gymnasi-	um	gymnase, académie, école.
Indument-	um	habillement, vêtement, habit.
Instrument-	um	meubles, attirail, ornement; outil, instrument; moyen.
Intervall-	um	intervalle, distance, espace; différence.
Jacul-	um	javelot, javeline, dard.
Jentacul-	um	déjeuner.
Juger-	um	arpent (ce que peut labourer en un jour une paire de bœufs).
Jug-	um	joug; sommet, cîme d'une montagne.
Jument-	um	bête de charge, de somme; cheval de bât.
Jusjurand-	um	jurement, serment, protestations.
Lament-	um	gémissement, lamentation, regret.
Lanifici-	um	apprêt des laines; art de les apprêter.
Lor-	um	courroie, lanière, longe, fouet, cable, sangle.
Lucr-	um	gain, profit; avantage, utilité.

Deuxième Déclinaison. — (11)

(VIe TABLEAU. — *TEMPLUM.*)

NOMS NEUTRES.

Radical.	*Désinences.*	
Medi-	um	milieu, centre.
Moment-	um	mouvement, changement; force; moment, instant.
Obsoni-	um	provision de mets; bonne chère.
Ole-	um	huile.
Oppidul-	um	petite ville.
Paludament-	um	cotte d'armes, hoqueton.
Patrimoni-	um	patrimoine, biens qu'on tient de ses pères; succession.
Patrocini-	um	protection, patronage, défense.
Pil-	um	javelot.
Plumb-	um	plomb.
Pocul-	um	coupe, vase où l'on boit, tasse; breuvage.
Portent-	um	prodige.
Postic-	um	porte de derrière.
Prædi-	um	héritage; fonds de terre, domaine.
Prætori-	um	prétoire; tente du général; conseil de guerre.
Principi-	um	principe, commencement.
Public-	um	impôt, tribut; lieu public; trésor public.
Remedi-	um	remède; moyen, expédient.
Rostr-	um	bec; mufle, museau; éperon de navire.
Sacerdoti-	um	sacerdoce.
Sacrament-	um	serment; dépôt; gageure; sacrement.

Deuxième Déclinaison. — (11)
(VIe TABLEAU. — *TEMPLUM.*)

NOMS NEUTRES.

Radical.	*Désinences.*	
Sacr-	um	sacrifice, mystère, solennité; hymne.
Sax-	um	pierre, caillou, rocher; mur.
Scut-	um	bouclier.
Secret-	um	lieu écarté, retraite, solitude; secret.
Seni-	um	vieillesse; antiquité; humeur chagrine; ennui.
Sert-	um	guirlande, feston.
Silenti-	um	silence; tranquillité, repos.
Simulacr-	um	simulacre; image, ressemblance; portrait.
Stipendi-	um	solde, paie des gens de guerre.
Stragul-	um	couverture.
Suffragi-	um	suffrage, voix.
Suggest-	um	lieu élevé; tribune; suggestion.
Tabulat-	um	plancher; étage; lit.
Tœdi-	um	ennui, dégoût.
Tectori-	um	enduit, crépi.
Tect-	um	toît.
Theatr-	um	théâtre, spectacle.
Tigill-	um	soliveau, petit chevron.
Tirocini-	um	apprentissage, noviciat.
Tripudi-	um	trépignement; sorte de danse, de bonds de joie; augure tiré de l'empressement avec lequel les poulets sacrés mangeaient leur grain.
Tuguri-	um	chaumière, loge, cabane, cahute.

Deuxième Déclinaison. — (11)

(VIe TABLEAU. — *TEMPLUM.*)

NOMS NEUTRES.

Radical.	*Désinences.*	
Vehicul-	um	chariot, char; véhicule.
Velament-	um	voile, couverture.
Venabul-	um	épieu.
Vestibul-	um	vestibule, entrée.
Vestigi-	um	vestige, trace, pas.
Vestiment-	um	vêtement, habillement.
Vexill-	um	drapeau.
Vot-	um	vœu, souhait, desir; promesse.

NOMS NEUTRES *qui n'ont que le pluriel.*

Gest-	a	orum	faits mémorables, exploits, belles actions.
Hibernacul-	a	orum	tentes ou baraques des soldats pendant l'hiver.
Just-	a	orum	derniers devoirs, funérailles, obsèques.
Rostr-	a	orum	tribune aux harangues.

Troisième Déclinaison. — (12)

(Ier TABLEAU. — *SOROR.*)

NOMS MASCULINS.

Admirator		is	admirateur.
Agger		is	monceau, amas; rempart, digue, chaussée.
Al-es	it-	is	oiseau.
Anser		is	oie, oison.

Troisième Déclinaison. —(12)

(Ier TABLEAU.—*SOROR.*)

NOMS MASCULINS.

Radical.	*Désinences.*		
Apparitor		is	nom des subalternes qui suivaient les magistrats romains; sergent, huissier, appariteur.
Ardor		is	ardeur, vivacité, feu, chaleur.
Artif-ex	ic-	is	ouvrier, artisan, artiste; maître.
Auctor		is	créateur; inventeur; auteur, écrivain.
Augur		is	augure.
Caduceator		is	hérault, envoyé, trompette.
Censor		is	censeur, réformateur, critique.
Cocl-es	it-	is	borgne (homme).
Commilito	n-	is	compagnon d'armes.
Conditor		is	fondateur, auteur, inventeur.
Contemptor		is	qui méprise, dédaigne, brave; esprit altier, fier.
Cort-ex	ic-	is	écorce; écaille; superficie; enveloppe.
Cruor		is	sang qui coule ou qui est déjà caillé.
Cujà- / Cuja-	s / tis	t-is	de quel pays, de quel parti, de quelle secte.
Debitor		is	débiteur.
Decurio	n-	is	décurion (magistrat; chef de dix cavaliers).
Dictator		is	dictateur (magistrat suprême à Rome).
Diribitor		is	distributeur; écuyer tranchant.
Doctor		is	maître, docteur, savant.
Draco	n-	is	dragon (serpent fabuleux).

Troisième Déclinaison. — (12)

(Ier TABLEAU. — *SOROR.*)

NOMS MASCULINS.

Radical.	*Désinences.*		
Educator		is	nourricier, qui élève; précepteur, gouverneur.
Emptor		is	acheteur.
Exactor		is	qui chasse, qui bannit; collecteur, exacteur, qui perçoit, qui exige des contributions.
Explorator		is	espion, observateur; éclaireur; qui va reconnaître, examiner.
Exul Exsul	}	is	exilé, banni.
Fragor		is	fracture; grand bruit, fracas, éclat.
Funditor		is	frondeur.
Fur		is	larron, voleur de nuit; valet, esclave.
Gladiator		is	gladiateur.
Gubernator		is	pilote, timonier; gouverneur.
Humor		is	humeur, humidité, vapeur.
Ind-ex	ic-	is	délateur; qui montre; indice, signe; table d'un livre, inscription.
Interfector		is	assassin, meurtrier.
Latro	n-	is	soldat; maraudeur, brigand, voleur.
Lector		is	lecteur.
Lictor		is	licteur, officier qui portait les faisceaux devant les magistrats romains.
Litigator		is	plaideur, chicaneur.

Troisième Déclinaison. —(12)

(Ier TABLEAU.—*SOROR.*)

NOMS MASCULINS.

Radical.	*Désinences.*		
Livor		is	couleur livide ou plombée; meurtrissure; envie, malignité envieuse.
Mucro	n-	is	pointe en général; tranchant, épée.
Mulio	n-	is	muletier, cocher.
Obtrectator		is	calomniateur, médisant; envieux, jaloux.
Occiden-s	t-	is	occident, ouest, couchant.
Odor		is	odeur, parfum, senteur.
Opif-ex	ic-	is	artisan, ouvrier.
Orator		is	orateur.
Orien-s	t-	is	orient, est, levant.
Pavor		is	peur, épouvante, saisissement.
Pictor		is	peintre.
Pollinctor		is	qui embaume, qui ensevelit les morts.
Præco	n-	is	crieur public; panégyriste, qui fait l'éloge.
Prædo	n-	is	voleur, brigand.
Prætor		is	préteur (magistrat romain qui commandait une armée).
Proconsul		is	proconsul (gouverneur d'une province romaine).
Pronepo-s	t-	is	arrière petit-fils.
Pugio	n-	is	poignard.
Quadran-s	t-	is	pièce valant le quart de l'as romain (3 deniers).
Quæstor		is	questeur (magistrat romain).
Rhetor		is	rhéteur.

Troisième Déclinaison. — (12)

(Ier TABLEAU — *SOROR.*)

NOMS MASCULINS.

Radical.	*Désinences.*		
Salutator		is	qui salue, qui fait sa cour, complimenteur.
Scipio	n-	is	bâton ; Scipion (homme).
Senator		is	sénateur.
Sessor		is	qui est assis, spectateur ; cavalier.
Spectator		is	spectateur, qui contemple.
Splendor		is	splendeur, dignité, éclat.
Sudor		is	sueur ; peine.
Su-s		is	porc, cochon.
Sutor		is	cordonnier.
Tiro	n-	is	nouveau soldat, recrue ; apprenti, novice ; mineur.
Tutor		is	protecteur, tuteur.
Urinator		is	plongeur.
Vari-x	c-	is	varice (dilatation excessive d'une veine).
Vel-es	it-	is	vélite, soldat armé à la légère.
Venditor		is	vendeur.
Vespillo	n-	is	celui qui la nuit portait en terre ceux qui n'avaient pas le moyen de se faire enterrer.
Vigor		is	vigueur, force d'esprit et de corps.
Vind-ex	ic-	is	vengeur ; qui maintient, qui défend.
Vultur		is	vautour (oiseau de proie).

Troisième Déclinaison. —(12)
(Ier TABLEAU.—*SOROR.*)

NOMS MASCULINS *n'ayant que le pluriel.*

Radical.	*Désinences.*		
Optimat-	es	um	les grands, les premiers d'un pays.
Primor-	es	um	les premiers, les principaux, les plus apparens.
Senior-	es	um	vieillards, ancêtres, sénateurs.

NOMS FÉMININS.

Accusatio	n-	is	accusation, blâme, reproche.
Actio	n-	is	acte, fait, action; faculté d'agir.
Admiratio	n-	is	admiration, surprise, étonnement.
Adoptio	n-	is	adoption.
Advocatio	n-	is	secours, assistance; plaidoyer.
Ædilita-s	t-	is	édilité (charge d'édile).
Ægritud-o	in-	is	maladie; inquiétude, souci.
Æquita-s	t-	is	équité, justice, intégrité; juste proportion.
Æsta-s	t-	is	été.
Affabilita-s	t-	is	affabilité, civilité, abord facile.
Alacrita-s	t-	is	vivacité, activité, vitesse; gaîté folle.
Al-es	it-	is	oiseau.
Appellatio	n-	is	nom; appel, appellation.
Aspi-s	d-	is	aspic (serpent très venimeux).
Auctorita-s	t-	is	autorité; garantie, crédit, considération; sentiment d'un auteur; pièces authentiques.
Aurigatio	n-	is	conduite d'un char.

Troisième Déclinaison. — (12)
(Ier TABLEAU. — *SOROR.*)

NOMS FÉMININS.

Radical.	*Désinences.*		
Calig-o	in-	is	obscurité, ténèbres, brouillard; aveuglement.
Chlam-ys	id-	is	habit de guerre, casaque, manteau.
Cocl-es	it-	is	borgne (femme).
Cogitatio	n-	is	pensée, réflexion; avis.
Comita-s	t-	is	affabilité, honnêteté, politesse; recherche.
Comparatio	n-	is	appareil, préparation; acquisition; comparaison; ressemblance.
Compe-s	d-	is	chaînes, entraves, menottes.
Comploratio	n-	is	lamentations de plusieurs, complainte, condoléance.
Concinnita-s	t-	is	justesse, convenance; agrément, parure.
Concio	n-	is	assemblée légale du peuple; auditoire; harangue, discours.
Confessio	n-	is	aveu, déclaration, confession.
Congressio	n-	is	abord, entrevue, conférence; rencontre, combat.
Conspiratio	n-	is	union, liaison; conspiration, complot.
Consuetud-o	in-	is	coutume, pratique, façon, mode.
Consumptio	n-	is	dissipation, destruction, ruine; consomption (maladie).
Contemptri-x	c-	is	celle qui méprise, dédaigne, brave; esprit altier, fier.
Contemptio	n-	is	mépris, dédain, fierté.

Troisième Déclinaison. — (12)
(Ier TABLEAU. — *SOROR.*)

NOMS FÉMININS.

Radical.	*Désinences.*		
Contentio	n-	is	action de tendre avec effort; contention, effort; harangue; contestation; sollicitation; comparaison.
Cort-ex	ic-	is	écorce; écaille; superficie, enveloppe.
Co-s	t-	is	rocher, caillou, pierre à aiguiser.
Crat-es		is	claie ou grille d'osier, treillis, treillage; ratelier.
Cuja-s / Cuja-tis	t-	is	de quel pays, de quel parti, de quelle secte.
Cunctatio	n-	is	délai, retard, remise, lenteur.
Cupidita-s	t-	is	désir ardent, empressement, passion; cupidité, avarice.
Dap-s		is	mets, viande; festin, banquet.
Defatigatio	n-	is	fatigue, lassitude.
Defectio	n-	is	manque de, disette, défaut; défection, révolte, désertion.
Defensio	n-	is	défense, protection, apologie.
Deformita-s	t-	is	difformité, laideur; déshonneur, honte, infamie.
Difficulta-s	t-	is	difficulté, obstacle; fatigue; besoin; humeur difficile.
Dimicatio	n-	is	combat, bataille; risque, hasard.
Dissensio	n-	is	dissentiment; débat; dissension, discorde, mésintelligence.
Dissimilitud-o	in-	is	différence, contrariété, opposition.
Diuturnita-s	t-	is	longueur de temps, longue durée.

Troisième Déclinaison. —(12)
(Ier TABLEAU—*SOROR.*)

NOMS FÉMININS.

Radical.	*Désinences.*		
Dominatio	n-	is	domination, empire, gouvernement, autorité, souveraineté.
Educatio	n-	is	nourriture, soin d'élever les enfans ou les petits, éducation, instruction.
Excusatio	n-	is	excuse, prétexte, couleur, défaite.
Exul / **Exsul**		is	exilée, bannie.
Exercitatio	n-	is	fatigue; exercice, manœuvre; pratique, usage, habitude.
Exercitio	n-	is	exercice.
Existimatio	n-	is	sentiment, pensée, opinion; réputation, estime.
Expeditio	n-	is	explication, exposition; expédition, campagne.
Expositio	n-	is	exposition, explication, détail.
Expectatio	n-	is	attente, curiosité, espérance.
Firmita-s	t-	is	solidité, stabilité; force de corps; fermeté.
Firmitudo	n-	is	solidité, force; fermeté d'âme, constance, intrépidité.
Frugalita-s	t-	is	frugalité, tempérance, sobriété; économie.
Garrulita-s	t-	is	babil, caquet; gazouillement.
Gratulatio	n-	is	félicitation; actions de grâce, réjouissances publiques.
Gravita-s	t-	is	gravité, pesanteur des corps; appesantissement; sérieux; fermeté; puissance; cherté.

Troisième Déclinaison. —(12)

(Ier TABLEAU.—*SOROR.*)

NOMS FÉMININS.

Radical.	*Désinences.*		
Habitatio	n-	is	habitation, demeure, maison, retraite.
Habitio	n-	is	action d'avoir, état de possession.
Hæredita-s	t-	is	héritage, succession, hérédité.
Hæsitatio	n-	is	embarras dans la langue; doute, incertitude; retard.
Hiem-s / Hyem-s		is	hiver, froid; refroidissement; orage, tempête; torrent.
Hilarita-s	t-	is	gaîté, enjouement, hilarité.
Honesta-s	t-	is	honnêteté, bienséance; bonté; beauté.
Imag-o	in-	is	image, idée; modèle; ombre, apparence, prétexte.
Incursio	n-	is	incursion, invasion.
Irrisio	n-	is	dérision, moquerie, raillerie.
Jactatio	n-	is	agitation, mouvement; jactance.
Juventu-s	t-	is	jeunesse, jeune âge; déesse de la jeunesse.
Largitio	n-	is	largesse, libéralité; prodigalité; corruption par largesses.
Lari-x	c-	is	larix (espèce de pin, mélèze).
Laxita-s	t-	is	étendue; largeur.
Legatio	n-	is	légation, ambassade, députation; gouvernement.
Legio	n-	is	légion, corps de troupes.
Libid-o	in-	is	caprice, fantaisie; déréglement; penchant; plaisir.

Troisième Déclinaison. — (12)
(Ier TABLEAU.—*SOROR.*)

NOMS FÉMININS.

Radical.	*Désinences.*		
Luctatio	n-	is	lutte, exercice de la lutte; débat; effort.
Magnanimita-s	t-	is	grandeur d'âme, magnanimité.
Maledictio	n-	is	malédiction, injure, imprécation, outrage, médisance.
Mansuetud-o	in-	is	douceur, mœurs douces, mansuétude.
Moderatio	n-	is	action de modérer; modération, retenue; gouvernement.
Mutatio	n-	is	changement, altération; mutation; échange.
Nobilita-s	t-	is	renommée, réputation; noblesse; excellence; fierté.
Obtestatio	n-	is	prière au nom des dieux; soumission, bassesse.
Opportunita-s	t-	is	occasion favorable, temps propice; facilité; avantage.
Oppugnatio-	n-	is	assaut, attaque; accusation.
Oratio	n-	is	discours, langage; plaidoyer, harangue; talent de la parole.
Orig-o	in-	is	origine, principe, cause, source; race, naissance.
Ovatio	n-	is	ovation (petit triomphe); temps de la ponte, ponte.
Pactio	n-	is	pacte, accord, traité; promesse.
Pauperta-s	t-	is	pauvreté, indigence, détresse.
Pernicita-s	t-	is	vitesse, légèreté.
Petitio	n-	is	brigue, demande, supplique, pétition; action de porter un coup.

Troisième Déclinaison. —(12)
(Ier TABLEAU. — *SOROR.*)

NOMS FÉMININS

Radical.	*Désinences.*		
Probosci-s	d-	is	museau, groin; trompe d'éléphant.
Procerita-s	t-	is	hauteur, longueur.
Proceritud-o	in-	is	
Proditio	n-	is	trahison; action de divulguer.
Profectio	n-	is	départ, sortie, voyage.
Proscriptio-	n-	is	proscription.
Quadran-s	t-	is	pièce valant le quart de l'as romain (3 deniers).
Ratio	n-	is	raison, jugement, raisonnement; dessein, sentiment; cause, motif.
Reconciliatio	n-	is	réconciliation, raccommodement.
Remissio	n-	is	relâchement; rémission; remise, relâche, repos.
Salutatio	n-	is	salutation, salut; cour qu'on fait au prince.
Sedulita-s	t-	is	soin, diligence, activité, assiduité; zèle indiscret.
Simulta-s	t-	is	haine cachée, ressentiment; convention.
Sobol-es		is	lignée, race; enfans, rejeton.
Sponsio	n-	is	promesse, engagement, gageure.
Statio	n-	is	état de repos; demeure; station; position, poste.
Strag-es-		is	renversement, ruine; carnage, massacre.
Su-s		is	truie, coche.
Suspicio	n-	is	soupçon, défiance; conjecture.

Troisième Déclinaison. — (12)

(Ier TABLEAU. — *SOROR.*)

NOMS FÉMININS.

Radical.	*Désinences.*		
Tardita-s	t-	is	lenteur, démarche lente; retard, délai.
Tarditud-o	in-	is	
Tempesta-s	t-	is	temps; saison; orage, tempête; adversité, malheur.
Trepidatio	n-	is	précipitation; alarme; agitation tumultueuse; tremblement.
Utilita-s	t-	is	utilité, avantage, profit, intérêt.
Vari-x	c-	is	varice (dilatation excessive d'une veine).
Velocita-s	t-	is	vélocité, vitesse, activité, promptitude.
Venditio	n-	is	vente.
Vic-is		is	alternative, vicissitude, changement; fonction; destin.
Vind-ex	ic-	is	vengeresse.

—(IIIe TABLEAU.—*AVIS.*)—(14)—

NOMS MASCULINS.

Ædil-is		is	édile (magistrat romain).
Angu-is		is	serpent, couleuvre.
Augur		is	augure.
Clien-s	t-	is	client, vassal.
Décemb-er	r-	is	décembre.
Elepha-s	nt-	is	éléphant.
Ens-is		is	épée.
Fasc-is		is	faisceau, fagot; fardeau.
Imb-er	r-	is	grande pluie; larmes.
Lar		is	lare (dieu du foyer domestique); maison; foyer; famille.

Troisième Déclinaison. — (14).

(IIIe TABLEAU. — *AVIS.*)

NOMS MASCULINS.

Radical.	*Désinences.*		
Natal-is		is	jour de la naissance, de la fondation.
Octob-er	r-	is	octobre.
Pon-s	t-	is	pont.
Pulv-is	er-	is	poudre, poussière, sable; champ de bataille.
Quiri-s	t-	is	demi-pique, javelot; citoyen romain.
Septemb-er	r-	is	septembre.
Sextil-is		is	sixième mois (l'année des Romains commençait par le mois de mars).
Sodal-is		is	compagnon, camarade; collègue.
Ungu-is		is	ongle, griffe.
Ut-er	r-	is	outre (peau propre à contenir un liquide).
Vall-is		is	vallée.

NOM MASCULIN *n'ayant que le pluriel.*

Man-es		ium	mânes, ombres, âmes des morts.

NOMS FÉMININS.

Class-is		is	classe, ordre, rang; flotte, vaisseau; armée.
Cohor-s	t-	is	basse-cour; corps de troupes; troupe; train, équipage.
Fa-x	c-	is	flambeau, torche; feu, passion; appas, beauté.
For-is		is	porte (il est plus usité au pluriel).

Troisième Déclinaison. — (14)

(IIIe TABLEAU. — *AVIS.*)

NOMS FÉMININS.

Radical.	*Désinences.*		
Nar-is		is	narine.
Nept-is		is	petite-fille.
Nu-x	c-	is	noyer, noix.
Pest-is		is	malheur, désastre; rage; peste, contagion.
Pul-s	t-	is	bouillie, purée, potage.
Pulv-is	er-	is	poudre, poussière, sable; champ de bataille.
Sphin-x	g-	is	sphinx (monstre fabuleux).
Vestal-is		is	vestale (prêtresse de Vesta).

—IVe TABLEAU. — *SECURIS.* — (15). —

NOM FÉMININ.

Sit-is		is	soif; aridité, sécheresse; desir violent, ardeur.

—(VIIe TABLEAU - *CORPUS.*) — (18). —

NOMS NEUTRES.

Agm-en	in-	is	troupe en marche (d'hommes ou d'animaux).
Carm-en	in-	is	vers, poésie, poème, chant.
Culm-en	in-	is	tige de blé; toît de chaume; faîte, sommet; premier rang.
Dedec-us	or-	is	déshonneur, ignominie, infamie.
Discrim-en	in-	is	séparation, partage; différence; dispute; péril; combat.
Eb-ur	or-	is	ivoire, ouvrage d'ivoire.

Troisième Déclinaison. — (18)

(VIIe TABLEAU — *CORPUS.*)

NOMS NEUTRES.

Radical.	*Désinences.*		
Facin-us	or-	is	action (bonne ou mauvaise); crime, attentat.
Far		is	blé dur; toute sorte de grain; farine.
Fem-ur	or-	is	cuisse, fémur (os de la cuisse).
Juger		is	arpent, (ce que deux bœufs labourent en un jour).
Medicam-en	in-	is	médicament, remède; poison; enchantement.
Om-en	in-	is	présage, augure, pronostic.
Papaver		is	pavot (plante).
Pign-us	or-	is	gage, nantissement, marque, preuve.
Sem-en	in-	is	semence, graine; race; origine.
Suber		is	liége (arbre).
Terg-us	or-	is	peau, cuir; dos.
Uber		is	mamelle, pis; abondance, fertilité.
Velam-en	in-	is	voile; couverture.
Ver		is	printemps.
Verber		is	fouet, verge.
Volum-en	in-	is	tour, tourbillon; révolution; volume, livre.

—(VIIIe TABLEAU. — *CUBILE.*) — (19). —

NOMS NEUTRES.

Ancil-e		is	bouclier long, échancré des deux côtés.

Troisième Déclinaison. —(19)

(VIIIe TABLEAU. — *CUBILE.*)

NOMS NEUTRES.

Radical.	*Désinences.*		
Funal-e		is	courroie, corde, câble; flambeau, torche.
Quadrans-s	t-	is	pièce valant le quart de l'as romain (3 deniers).
Missil-e		is	trait, flèche; dard; tout ce qui se lance.
Tribunal		is	tribunal.

—(IXe TABLEAU.—*POEMA.*)—(20).—

NOM NEUTRE.

Epigramma	t-	is	inscription; épigramme.

Quatrième Déclinaison. — (21)

(Ier TABLEAU—*MANUS.*)

NOMS MASCULINS.

Æst-	us	chaleur, ardeur, sécheresse; bouillonnement; agitation, violence, trouble.
Afflat-	us	souffle, vent, exhalaison; éclat.
Cæst-	us	ceste (gantelet garni de plomb).
Cant-	us	chant, air, voix; poésie.
Cens-	us	cens (état des personnes et des biens); estimation, biens, revenus.
Cœt-	us	assemblée, compagnie, troupe, réunion.
Comitiat-	us	assemblée pour les comices.

Quatrième Déclinaison. — (21)
(Ier TABLEAU. — *MANUS.*)

NOMS MASCULINS.

Radical.	*Désinences.*	
Commeat-	us	allée, venue, transport; congé; provision.
Complex-	us	circuit, enceinte; embrassement.
Complorat-	us	lamentation de plusieurs; complainte, condoléance.
Concurs-	us	concours, abord, affluence; concurrence.
Congress-	us	abord, entrevue, conférence; combat, rencontre.
Consens-	us	accord, conformité; unanimité; complot.
Consulat-	us	consulat; le temps qu'il dure.
Contempt-	us	mépris; dédain.
Convent-	us	concours, affluence; assemblée; convention.
Crepit-	us	bruit, son de quelque chose qui se rompt ou qui se heurte.
Defect-	us	disette, défaut; défection, désertion; révolte.
Delect-	us	choix, élite; différence; levée de troupes.
Dissens-	us	dissentiment, débat, dissension, discorde, mésintelligence.
Dominat-	us	domination, empire, gouvernement, autorité, souveraineté.
Equitat-	us	équitation; cavalerie.
Exit-	us	sortie, issue, départ; événement; succès; fin, conclusion.

Quatrième Déclinaison. — (21)
(Ier TABLEAU. — *MANUS.*)

NOMS MASCULINS.

Radical.	*Désinences.*	
Gest-	us	geste, action.
Halit-	us	souffle, haleine; vapeur; vent, zéphyr.
Incess-	us	démarche; invasion; entrée, issue.
Lux-	us	luxe, faste, profusion; dissolution, déréglement, mollesse.
Magistrat-	us	magistrat, magistrature.
Mandat-	us	ordre, commandement, commission.
Occas-	us	chute, mort, destruction; couchant, occident.
Ornat-	us	ornement, embellissement, parure; appareil.
Prospect-	us	vue, perspective; égard; prévoyance.
Redit-	us	retour; revenu, rente.
Ris-	us	ris, rire; moquerie, risée.
Secess-	us	départ, éloignement; solitude, retraite.
Senat-	us	sénat; lieu où il s'assemblait.
Sens-	us	sens, sentiment; raison; sensibilité; pensée; signification.
Sex-	us	sexe.
Sin-	us	sein, poitrine, cœur; milieu; refuge; courbure, pli; golfe.
Stat-	us	attitude, posture; état, situation.
Strepit-	us	bruit, éclat, son.

Quatrième Déclinaison. —(21)
(Ier TABLEAU. — *MANUS.*)

NOMS MASCULINS.

Radical.	*Désinences.*	
Success-	us	approche, voisinage, durée; succès.
Tumult-	us	tumulte, trouble, désordre, émeute, sédition; fracas; mélange.
Ululat-	us	hurlement, cri lamentable.
Vagit-	us	vagissement (cri des enfans au berceau).
Volat-	us	vol, volée; course rapide.

NOMS FÉMININS.

Ac-	us	aiguille, pointe, poinçon.
An-	us	vieille femme.
Portic-	us	portique, porche.

Cinquième Déclinaison. —(26)
(Ier TABLEAU. — *DIES.*)

NOMS FÉMININS.

Blanditi-	es	caresse, flatterie, douceur.
Cæsari-	es	chevelure; longue barbe.
Meridi-	es	midi (heure); midi, sud.
Munditi-	es	propreté, netteté.

Cinquième Déclinaison. — (26)

(Ier TABLEAU. — *DIES.*)

NOMS FÉMININS.

Radical.	*Désinences.*	
Pernici-	es	perte, ruine entière; calamité.
Sæviti-	es	cruauté, inhumanité, rigueur; fureur.
Segniti-	es	lenteur, indolence, négligence; stupidité.
Tarditi-	es	lenteur, démarche lente, retard, délai.

Ces noms manquent de génitif, de datif et d'ablatif pluriels.

Ire et IIe *Déclinaisons.* — (27)

(Ier TABLEAU. — *BONUS, A, UM.*)

Radical.	*Désinences.*	
Achaïc- Achaï-	us a um	d'Achaïe, Achéen, Grec .
Actiac- Actian-	us a um us a um	d'Actium . . . .
Æstiv-	us a um	d'été. . . . .
African- Afric-	us a um us a um	d'Afrique, Africain. . .
Agrari-	us a um	qui concerne les champs, le partage des terres, agraire. . . . . . .
Alban-	us a um	d'Albe, Albain. . . . .
Alb-	us a um	blanc, clair, pâle . . .
Altiuscul-	us a um	un peu plus élevé. . . .
Annu-	us a um	annuel. . . . .
Antiqu-	us a um	antique, ancien, passé; probe. . . . .
Argiv-	us a um	Argien, d'Argos ou Grec.
Arid-	us a um	aride, sec, désséché, tari; pauvre. . . . . . .
Asiac- Asian- Asiatic-	us a um us a um us a um	Asiatique, d'Asie. . . .
Attic-	us a um	d'Attique, Athénien. .
August-	us a um	saint, religieux, auguste, majestueux. . . . .
Avar-	us a um	avare, avaricieux, intéressé, avide. . . . .

Désinences adverbiales.

. . . .

. . . .
. . . .

è	chaudement, à la légère.

. . . .
. . . .

. . . .
. . . .

icanter	en blanchissant.
è	un peu plus haut.

. . . .

è, itùs	anciennement, autrefois, jadis.

. . . .

è	d'une manière desséchante.

. . . .
. . . .
. . . .

è	à la manière des Athéniens; poliment, avec élégance.
è	avec une pompe religieuse, d'une manière auguste.
è, iter	avec avarice, mesquinement, avidement.

Ire et IIe *Déclinaisons.* — (27)

(Ier TABLEAU. — *BONUS, A, UM.*)

Radical.	*Désinences.*	
Aversat-	us a um	qui se détourne pour ne pas voir. . . . . . .
Avers-	us a um	tourné d'un autre côté, par derrière, détourné; contraire, opposé, ennemi. . . . .
Barbar-	us a um	féroce, grossier, rustique, barbare. . . . . . .
Bellicos-	us a um	belliqueux, guerrier, vaillant. . . . .
Bellic-	us a um	belliqueux, guerrier, de guerre. . . . . . .
Calv-	us a um	chauve. . . . .
Campan-	us a um	Campanien, de la Campanie. . . . .
Candidat-	us a um	vêtu de blanc; candidat, aspirant, prétendant. .
Capitolin-	us a um	Capitolin, du Capitole. .
Carbonari-	us a um	charbonnier. . . . . .
Caudin-	us a um	fait d'un tronc d'arbre; de Caudium, qui concerne les fourches Caudines .
Caut-	us a um	avisé, rusé; assuré. . .
Centuriat-	us a um	divisé, distribué par centaines; qui concerne une centurie. . . . . . .
Christian-	us a um	Chrétien. . . . . . .
Cimbric-	us a um	Cimbrique, des Cimbres, du Jutland. . . . .

Désinences adverbiales.

. . . .

. . . .

è, icè. barbarement, grossièrement, à la mode des barbares.

. . . .

. . . .

. . . .

. . . .

. . . .

. . . .

. . . .

. . . .

è, ìm avec précaution, prudence, finesse.

ìm par centurie, par 100 hommes; en foule.

è chrétiennement.

è en Cimbre.

Ire et IIe *Déclinaisons.* — (27)

(Ier TABLEAU. — *BONUS, A, UM.*)

Radical.	*Désinences.*	
Civic-	us a um	civique, de citoyen, de cité. . . . .
Clandestin-	us a um	clandestin, secret, caché, fait à l'insu. . . . .
Clar-	us a um	clair, serein, lumineux; manifeste, illustre, considérable. . . . . .
Classic-	us a um	naval, de marine. . . .
Cœnos-	us a um	bourbeux, fangeux. . .
Commod-	us a um	commode, propre, convenable. . . . . . .
Comparat-	us a um	préparé; recueilli; acheté; comparé; appareillé. .
Compitaliti-	us a um	de carrefour; des Dieux des carrefours. . . .
Complex-	us a um	qui contient, qui embrasse.
Confert-	us a um	plein, rempli; serré, entassé. . . . .
Consentane-	us a um	conforme, propre, assorti, convenable, conséquent.
Continuat-	us a um	continuel, continu; contigu. . . . .
Contumelios-	us a um	outrageux, outrageant, insultant, injurieux. .
Corinthiac-	us a um	de Corinthe, Corinthien.
Corinthi-	us a um	de Corinthe, Corinthien.
Corne-	us a um	de corne; de cornouiller.
Crystalin-	us a um	cristal, cristallin; transparent . . . .

Désinences adverbiales.

. . . .

ò	clandestinement, à la dérobée, à l'insu.
è	clairement, évidemment, franchement.

. . . .

è, ò, ùm	d'une manière convenable, justement, à propos, précisément, à l'instant.

. . . .

. . . .

im	bras à bras, en embrassant.
è, im	d'une manière serrée, les rangs étant serrés.
è	conformément.
anter, atè, atim	continuellement, sans interruption.
è	outrageusement, d'une manière insultante.

. . . .
. . . .
. . . .

. . . .

Ire et IIe *Déclinaisons.* — (27)
(Ier TABLEAU. — *BONUS, A, UM.*)

Radical.	*Désinences.*	
Curiat-	us a um	de curie, fait par les curies. . . . .
Decuman-	us a um	de dixième, de dîme, qui doit la dîme; de la 10e légion. . . . .
Defess-	us a um	las, lassé, fatigué, harassé. . . . .
Devi-	us a um	détourné, écarté du chemin pratiqué; impraticable, inaccessible; déréglé. . . . . . .
Eburne-	us a um	d'ivoire, fait d'ivoire, blanc d'ivoire. . . .
Eburn-	us a um	
Effet-	us a um	qui a produit ou été produit; épuisé, cassé, languissant. . . . . . .
Exacerbat-	us a um	aigri, irrité. . . . . .
Excels-	us a um	haut, élevé, grand, sublime, magnifique. . .
Extraordinari-	us a um	extraordinaire, inusité. .
Facund-	us a um	qui s'exprime aisément, avec grâce, éloquent. .
Falern-	us a um	de Falerne. . . . . . .
Ferre-	us a um	de fer; dur, inflexible; âpre; impudent. . .
Fer-	us a um	féroce, farouche, sauvage; intrépide, fier. . . .
Fervid-	us a um	ardent, brûlant; vif, animé, véhément. . . .

Désinences adverbiales.

im — par curies, par quartiers, par corps de communautés.

. . . .

. . . .

. . . .

. . . .

è — mûrement, sagement; sans force.

. . . .

è — en haut.

. . . .

è — éloquemment.

. . . .

. . . .

. . . .

è — avec feu, chaleur, ardeur.

Ire *et* IIe *Déclinaisons.* —(27)

(Ier TABLEAU.—*BONUS, A, UM.*)

Radical.	*Désinences.*	
Festiv-	us a um	de fête, divertissant; enjoué. . . . .
Fid-	us a um	fidèle, sûr, assuré. . . .
Finitim-	us a um	voisin, proche, contigu.
Formidolos-	us a um	craintif, timide; redouté, formidable. . . . . .
Frigid-	us a um	froid; lent, faible; sans goût. . . . .
Glorios-	us a um	glorieux, honorable; fier, vain. . . . . . .
Græc-	us a um	Grec, de la Grèce . . .
Grai-	us a um	Grec, de la Grèce . . .
Gramine-	us a um	de gazon, de verdure. .
Hædin-	us a um	de chevreau. . . . . .
Hispanic-	us a um	Espagnol, d'Espagne. .
Hispan-	us a um	Espagnol, d'Espagne. .
Honest-	us a um	honnête, honorable, décent; de naissance distinguée; beau. . . .
Honorat-	us a um	honoré, honorable; orné.
Honorific-	us a um	honorable, glorieux. . .
Hospit-	us a um	étranger; hospitalier . .
Ignar-	us a um	ignorant, imprudent. . .
Imbecill-	us a um	faible de corps; faible d'esprit. . . . .
Immatur-	us a um	qui n'est pas mûr, prématuré, précipité. . . .
Imperatori-	us a um	de général; impérial, d'Empereur. . . . .
Imperfect-	us a um	imparfait; non achevé. .
Impi-	us a um	impie; dénaturé; scélérat.

Désinences adverbiales.

è, iter	gaîment, agréablement, d'une manière enjouée.
è	fidèlement.
. . . .	. . . .
è	avec crainte.
è	froidement, languissamment.
è	glorieusement, avec orgueil.
è	en grec, en langue grecque.
. . . .	. . . .
. . . .	. . . .
è	en Espagnol, à la manière espagnole.
è	honnêtement, décemment, avec majesté.
è	honorablement.
è	honorablement, par honneur.
. . . .	. . . .
. . . .	. . . .
iter	faiblement.
è	prématurément; avec précipitation.
è	en général; en empereur.
è	imparfaitement.
è	avec impiété.

Ire et IIe *Déclinaisons.* — (27)
(VIe TABLEAU. — *BONUS, A, UM.*)

Radical.	*Désinences.*	
Implicit-	us a um	embarrassé, enveloppé, entrelacé. . . . . . .
Impunit-	us a um	impuni. . . . .
Inclyt-	us a um	célèbre, illustre. . . .
Inconsult-	us a um	qu'on n'a pas consulté; inconsidéré. . . . . .
Incult-	us a um	inculte, sauvage, grossier; négligé. . . . .
Indignat-	us a um	indigné, irrité. . . . .
Infacet-	us a um	insipide, maussade; mauvais plaisant. . . . .
Infand-	us a um	dont on ne doit, dont on ne peut parler; inexprimable; exécrable. .
Infect-	us a um	qui n'est pas fait, imparfait; infecté, corrompu.
Infim-	us a um	le plus bas; de basse condition. . . . .
Ingenu-	us a um	naturel, ingénu, franc, naïf, honnête; libéral.
Ingrat-	us a um	désagréable; ingrat; stérile. . . . .
Inquiet-	us a um	inquiet, troublé, remuant. . . . .
Insci-	us a um	qui ne sait pas, ignorant.
Insolit-	us a um	qui n'est pas habitué; extraordinaire, inusité. .
Intact-	us a um	intact; entier; chaste. .
Intempest-	us a um	silencieux, calme; malsain. . . . . . .

Désinences adverbiales.

è	d'une manière embrouillée, obscure; implicitement.
è, itè	impunément, sans danger.
. . . .	
è, ò,	à la légère; inconsidérément.
è	d'une manière sauvage, sans ornement.
. . . .	
è	grossièrement, sans grâce.
ùm	chose horrible à dire.
. . . .	
. . . .	
è	naturellement; ingénuement, franchement, naïvement; en personne libre.
è	désagréablement; à regret; en ingrat.
è	sans interruption, sans relâche.
è, enter	en ignorant; imprudemment.
è	contre l'usage, la coutume.
. . . .	
. . . .	

Ire et IIe *Déclinaisons.* — (27)

(Ier TABLEAU. — *BONUS, A, UM.*)

Radical.	*Désinences.*	
Intentat-	us a um	présenté; dont on menace; non tenté. . . . . .
Intens- Intent-	us a um	tendu, roidi; attentif, appliqué; augmenté. .
Inusitat-	us a um	inusité, extraordinaire. .
Invalid-	us a um	invalide, infirme, faible; mauvais. . . . . . .
Invict-	us a um	invaincu, indomptable, invincible; indestructible. . . . .
Irrit-	us a um	annulé; vain, inutile. .
Isthmiac- Isthmic- Isthmi-	us a um	d'isthme; de l'isthme de Corinthe. . . . . . .
Italic- Ital-	us a um	Italien, Italienne, d'Italie. . . . .
Jugurthin-	us a um	de Jugurtha, qui le concerne. . . . .
Lacrymabund-	us a um	tout éploré, tout en pleurs.
Lateriti-	us a um	de brique. . . . . . .
Latin-	us a um	latin, du Latium. . . .
Laureat-	us a um	orné, couvert, couronné de lauriers. . . . . .
Linternin- Liternin-	us a um	de Linternum *ou* Literne.
Litterari-	us a um	qui concerne les lettres, les sciences, les études . .
Ludicr-	us a um	qui se fait par jeu; plaisant. . . . .
Marian-	us a um	de Marius. . . . . . .

Désinences adverbiales.

. . . .

è attentivement, fortement.

. . . .

è, ò d'une manière inusitée.

è faiblement.

è incontestablement.

. . . .

. . . .

. . . .

. . . .

è en Italien.

. . . .

. . . .

. . . .

è à la manière des latins, en latin.

. . . .

. . . .

. . . .

è en jouant, en badinant.

. . . .

Ire et IIe *Déclinaisons.* — (27)

(Ier TABLEAU. — *BONUS, A, UM.*)

Radical.	*Désinences.*	
Maritim-	us a um	maritime, de la mer. . .
Marmore-	usa um	de marbre, blanc comme le marbre. . . . .
Marti-	us a um	de Mars ; martial, courageux, qui concerne la guerre. . . . . . .
Matern-	us a um	maternel, de mère. . .
Mirabund-	us a um	émerveillé, qui est dans l'admiration. . . . .
Mithridatic-	us a um	de Mithridate. . . . .
Modic-	us a um	modéré, modeste ; médiocre, modique. . . . .
Mœst-	us a um	qui a la douleur dans l'âme, triste, chagrin . . . .
Nefast-	us a um	illicite, défendu ; impie, scélérat ; malheureux.
Nocturn-	us a um	nocturne, de la nuit . .
Numidian- / Numidic-	us a um	de Numidie, de Guinée.
Oblong-	us a um	oblong. . . . .
Obnoxi-	us a um	coupable, nuisible ; soumis, dévoué, servile ; exposé . . . .
Obscur-	us a um	obscur, noir ; inconnu, caché, sans naissance ; dissimulé. . . . . .
Officios-	us a um	officieux, obligeant ; qui tient au devoir. . . .
Onust-	us a um	chargé, accablé ; pesant, lourd. . . . .

Désinences adverbiales.

. . . .

. . . .

. . . .
. . . .

. . . .
. . . .

è, ùm	médiocrement, peu ; modérément.
è	tristement.

. . . .
. . . .

. . . .

. . . .

è	servilement, avec timidité.
è	obscurément, d'une manière obscure.
è	officieusement, obligeamment.

. . . .

Ire et IIe *Déclinaisons.* —(27)

(VIe TABLEAU.—*BONUS, A. UM.*)

Radical.	*Désinences.*	
Optand-	us a um	qu'on doit, qu'il faut souhaiter. . . . .
Opulent-	us a um	opulent, riche; puissant.
Oriund-	us a um	originaire, issu, descendu. . . . .
Otios-	us a um	oisif, de repos, tranquille; inutile; oiseux. . . .
Palmat-	us a um	orné de palmes. . . . .
Parc-	us a um	avare, mesquin, économe; sobre; modique. . . .
Patric-i-	us a um	de patricien; noble. . .
Paupercul-	us a um	fort pauvre, pauvre malheureux. . . . . . .
Pavid-	us a um	craintif, peureux, timide.
Peramœn-	us a um	fort agréable. . . . . .
Peregrin-	us a um	étranger, passager; extraordinaire. . . . . .
Perfid-	us a um	perfide, infidèle, traître.
Phalerat-	us a um	bardé, caparaçonné. . .
Pharsalic-	us a um	de Pharsale. . . . . .
Piratic-	us a um	de pirate, de Corsaire. .
Piscatori-	us a um	de pêcheur, de pêche. .
Plebei-	us a um	du peuple, de la populace, du vulgaire. . . . .
Plumbe-	us a um	de plomb; plombé, livide; pesant, stupide. . . .
Pompeian-	us a um	de Pompée, qui le concerne. . . . .
Poster-	us a um	suivant, qui vient après.
Præacut-	us a um	fort aigu, très pointu. .
Prænestin-	us a um	de Préneste, de Palestrine.

Désinences adverbiales.

. . . .

enter	richement, somptueusement.

. . . .

è	à loisir, lentement; sans souci; négligemment, librement.

. . . .

è	mesquinement ; sobrement ; avec réserve.
è, iè	noblement; somptueusement.

. . . .

è	avec frayeur, épouvante.

. . . .

. . . .

è	avec perfidie, par une perfidie.

. . . .
. . . .
. . . .
. . . .

. . . .

. . . .

. . . .

iùs	après, ensuite.
è	fort ingénieusement.

. . . .

Ire *et* IIe *Déclinaisons.* —(27)

(Ier TABLEAU.—*BONUS, A, UM.*)

Radical.	*Désinences.*	
Præpilat-	us a um	arrondi par le bout ; avec un bouton au bout. .
Prætextat-	us a um	vêtu de la robe prétexte, libre. . . . .
Prævalid-	us a um	très robuste ; très riche, très puissant. . . . .
Prisc-	us a um	ancien, vieux, antique. .
Privat-	us a um	privé, propre, particulier. . . . .
Procer-	us a um	haut, long, allongé. . .
Profug-	us a um	fugitif, échappé ; errant ; vagabond ; exilé . . .
Proterv-	us a um	effronté, impudent, insolent. . . . .
Provid-	us a um	prévoyant, prudent. . .
Pull-	us a um	de couleur tannée, brune ; de deuil. . . . . . .
Punic-	us a um	de Carthage, carthaginois, punique, phénicien. .
Quiet-	us a um	paisible, tranquille ; doux, calme, serein. . . .
Rapid-	us a um	rapide ; véhément, impétueux. . . . .
Rustican-	us a um	de paysan, de villageois ; champêtre. . . . . .
Rustic-	us a um	rustique, champêtre ; grossier ; simple. . . . .
Sambuce-	us a um	de sureau. . . . .
Sanguinolent-	us a um	sanglant, couvert de sang,
Sauci-	us a um	blessé, malade. . . . .

Désinences adverbiales.

. . . .

è	en enfant, en folâtre.
è	avec beaucoup de force.
è	à l'antique.
è, ìm, ò	en simple particulier; séparément, particulièrement.
è	en long, en haut, de haut.

. . . .

è, iter	effrontément, insolemment.
è	prudemment.

. . . .

è	en langue punique, à la manière des Carthaginois.
è	en repos, en paix; paisiblement, tranquillement.
è	rapidement; avec véhémence, impétuosité.

. . . .

atè, atìm	rustiquement, grossièrement.

. . . .
. . . .
. . . .

Ire et IIe *Déclinaisons.* — (27)

(Ier TABLEAU. — *BONUS, A, UM.*)

Radical.	*Désinences.*	
Scutat-	us a um	qui porte un bouclier, un écu. . . . .
Secundari-	us a um	du second ordre ou rang; de deuxième qualité. .
Secund-	us a um	second, deuxième; de qualité inférieure ; favorable, heureux. . . .
Senatori-	us a um	de sénateur. . . . . .
Seri-	us a um	sérieux, grave. . . . .
Sever-	us a um	grave, sérieux, chagrin; sévère, rude, cruel; véridique. . . . . . .
Sicul-	us a um	de Sicile, Sicilien. . . .
Solid-	us a um	massif, qui n'est pas creux; solide, ferme, stable; vrai, réel. . . . . .
Sordid-	us a um	sale, malpropre; vil, sordide, avare; grossier.
Sorori-	us a um	de sœur. . . . .
Spurc-	us a um	sale, impur; vil, sordide infâme. . . . . . .
Squalid-	us a um	rude, âpre, inculte; sale; bas, rampant . . . .
Strigos-	us a um	maigre, élancé, décharné; harassé. . . . .
Studios-	us a um	appliqué; qui desire, qui aime; studieux, savant.
Stult-	us a um	sot, fou, imprudent; ignorant. . . . .

Désinences adverbiales.

. . . .

. . . .

ĕ, ò, ùm	secondement; pour la deuxième fois; heureusement.

. . . .

ò	sérieusement, gravement.
è, iter	sévèrement, rigoureusement; à la rigueur.
è	à la manière, dans la langue des Siciliens.
è	solidement; entièrement, parfaitement.
è	d'une manière sale, basse, mesquine.

. . . .

è	salement, honteusement.
è	sans grâce, sans politesse, grossièrement.

. . . .

è	avec soin, application; avec affection.
è	sottement; follement, étourdiment, imprudemment.

Ire et IIe *Déclinaisons.* — (27)

(Ier TABLEAU.—*BONUS, A, UM.*)

Radical.	*Désinences.*	
Sublici-	us a um	bâti sur pilotis, élevé sur des pieux. . . . . .
Syllan-	us a um	de Sylla, partisan de Sylla.
Syracusan- / Syracusi-	us a um	de Syracuse, Syracusain.
Sarentina-	us a um	de Tarente, Tarentin. .
Temerari- / Temer-	us a um	téméraire, imprudent; qui se fait au hasard. . .
Tenebricos-	us a um	ténébreux, obscur, caché, secret. . . . .
Timid-	us a um	timide, craintif, qui craint.
Togat-	us a um	vêtu d'une robe longue à la romaine; civil, qui s'emploie aux arts de la paix.
Tonsori-	us a um	de barbier. . . . . . .
Torquat-	us a um	qui porte un collier. . .
Torv-	us a um	qui regarde de travers, qui a le regard menaçant. .
Tremul-	us a um	tremblotant, tremblant; brillant. . . . . . .
Tribuniti-	us a um	de tribun. . . . .
Troic- / Troi- / Trojan-	us a um	de Troie, Troyen. . . .
Turbulent-	us a um	trouble, qui n'est pas clair; troublé; turbulent, séditieux.
Ultim-	us a um	le dernier, le plus reculé, l'extrême. . . . . .

Désinences adverbiales.

. . . .
. . . .
. . . .
. . . .

è è, iter	téméirairement, imprudemment; au hasard.

. . . .

è	timidement, avec crainte.

. . . .
. . . .
. . . .

à, è, iter, ùm	de travers, avec un regard menaçant.
è	en tremblotant.

. . . .

. . . .

è, enter	avec turbulence.
è, ò, ùm	au dernier point, enfin, pour la dernière fois.

Ire et IIe *Déclinaisons.* —(27)

(Ier TABLEAU.—*BONUS, A, UM.*)

Radical.	*Désinences.*	
Urban-	us a um	de ville; civil, poli, qui plaisante avec esprit. . . . .
Vacu-	us a um	vide; spacieux; vain; vacant; privé de, libre, exempt. . . . . . .
Veget-	us a um	vigoureux; vif, actif. .
Verecund-	us a um	qui a de la pudeur, modeste, réservé; respectable. . . . .
Verend-	us a um	vénérable, respectable; redoutable. . . . . . .
Votiv-	us a um	votif, voué, consacré par un vœu; agréable. . .

— IIe TABLEAU.—*NIGER.* — (28).—

Af-er	ra rum	Africain, d'Afrique. . .
Asper	a um	âpre, rude, raboteux; inculte, grossier; dur, rigoureux, cruel. . . .
Creb-er	ra rum	fréquenté, réitéré; pressé, serré. . . . .
Impig-er	ra rum	qui n'est pas paresseux; diligent, actif. . . . .
Tener	a um	tendre, délicat, jeune; flexible; efféminé. . .

—ADJECTIFS à une terminaison.—

Anc-eps Anc-ipes	ipit- is	double, à deux faces; ambigu; douteux, périlleux; irrésolu. . . .

Désinences adverbiales.

atim, è	en citadin; civilement, poliment, plaisamment.
è	vainement.

. . . .

è, iter	avec pudeur, retenue, réserve.

. . . .

. . . .

. . . .

è, iter	d'une manière rude, rigoureuse, sévère.
rà, rè, riter, rò	souvent, fréquemment, plusieurs fois.
rè	sans paresse, avec vigilance.
è, iter	d'une manière tendre, délicate,

IIIe *Déclin.* — IIIe Tabl.-*PRUDENS.* (29)

. . . .

IIIe *Déclinaison.* —(27)
(IIIe TABLEAU. — *PRUDENS.*)

Radical.	*Désinences.*		
Atro-x	c-	is	cru; atroce, cruel; horrible; sévère, rigoureux, funeste. . . . . . .
Compar		is	pareil, égal, semblable. .
Compo-s	t-	is	jouissant, qui possède, qui est en possession. . . .
Convenien-s	t-	is	qui se rassemble; convenable, conforme. . .
Degener		is	dégénéré, lâche, bas, indigne. . . . .
Desipien-s	t-	is	qui n'est pas sage; insensé, extravagant. . . . .
Dica-x	c-	is	railleur, plaisant, diseur de bons mots. . . . .
Dispar		is	inégal, disproportionné; différent. . . . . . .
Eda-x	c-	is	grand mangeur; qui ronge, consume, dévore.
Impar		is	inégal, disproportionné; impropre, inhabile, insuffisant; impair. . .
Impoten-s	t-	is	impuissant, faible; furieux, emporté, violent.
Impuber		is	qui n'a pas atteint l'âge de puberté. . . . . . .
Impub-es		is	
Impubescen-s	t-	is	
Impuden-s	t-	is	impudent, effronté. . .
Inop-s		is	pauvre, indigent, qui manque de; irrésolu. . .

Désinences adverbiales.

iter d'une manière atroce, cruelle; avec véhémence.

. . . .

. . . .

t-er convenablement, conformément.

. . . .

. . . .

. . . .

. . . .

. . . .

iter inégalement.

t-er immodérément, sans retenue, despotiquement.

. . . .

t-er impudemment, effrontément, sans pudeur.

. . . .

IIIe *Déclinaison.* — (29)

(IIIe TABLEAU. — *PRUDENS.*)

Radical.	*Désinences.*		
Insolen-s	t-	is	qui n'est pas accoutumé, inusité, extraordinaire; immodéré; insolent. .
Jacen-s	t-	is	couché, étendu, mort; abattu; situé. . . . .
Liben-s	t-	is	qui fait volontiers, de bon gré. . . . .
Locuple-s	t-	is	riche en fonds de terre; abondant, fertile; digne de foi. . . . .
Loqua-x	c-	is	grand parleur, bavard; expressif. . . . . . .
Morda-x	c-	is	qui a l'habitude de mordre; mordant, piquant, satirique. . . . . . .
Multipl-ex	ic-	is	de plusieurs sortes; dissimulé. . . . .
Nocen-s	t-	is	nuisible, préjudiciable; coupable, criminel. .
Obsequen-s	t-	is	Souple, flexible, maniable; obéissant, complaisant.
Obtrectan-s	t-	is	jaloux, envieux; médisant, calomniateur. .
Occiden-s	t-	is	couchant; mourant; qui va en décadence, tombe en ruines. . . . . .
Orien-s	t-	is	naissant, qui se lève; qui pousse. . . . .
Ovan-s	t-	is	qui reçoit l'honneur de l'ovation; triomphant de joie. . . . .

Désinences adverbiales.

t-er	contre l'usage; extraordinairement ; excessivement , insolemment.

. . . .

t-er	de bon gré , de bon cœur ; volontiers.
t-issimè	très richement.
c-iter	avec babil , loquacité.
ç-iter	avec une âpreté piquante , d'une manière mordante.
ic-iter	de plusieurs sortes.
t-er	de manière à nuire.
t-er	avec ou par complaisance.

. . . .

. . . .

. . . .

t-er	d'une manière triomphante.

IIIe *Déclinaison.* — (29)

(IVe TABLEAU. — *FORTIS.*)

Radical.	*Désinences.*		
Palan-s	t-	is	errant, vagabond. . . .
Patien-s	t-	is	patient, endurant, qui souffre, qui supporte .
Præstan-s	t-	is	excellent, éminent, qui surpasse. . . . . .
Puber		is	qui est en âge de puberté; qui croît avec vigueur; qui est couvert de duvet.
Pube-s	r-	is	
Soler-s	t-	is	industrieux, adroit, subtil, ingénieux. . . . .
Sosp-es	it-	is	sain et sauf; échappé à un danger; heureux. . .
Temperan-s	t-	is	tempérant, retenu, modéré; économe. . . . .
Tripl-ex	ic-	is	triple, trois. . . . . .
Tru-x	c-	is	affreux, terrible, féroce, farouche, redoutable.
Vigil		is	qui veille, vigilant; qui empêche de dormir. .

— ADJECTIFS à deux terminaisons. —

Agrest-	is	e	champêtre, villageois, rustique; grossier, ignorant. . . . .
Alar-	is	e	d'aile, qui concerne les ailes d'une armée. . .
Alliens-	is	e	d'Allia; fatal . . . . .
Auxiliar-	is	e	auxiliaire; secourable, tutélaire. . . . .

Désinences adverbiales.

. . . .

t-er	patiemment ; avec calme, résignation.

. . . .

. . . .

t-er	avec industrie, adroitement, subtilement, ingénieusement.

. . . .

t-er	avec tempérance, retenue ; sans excès.
ic-iter	triplement, en trois façons.

. . . .

anter	avec vigilance, soin, attention.

IIIe *Déclin.* — IVe Tabl. — *FORTIS.* (30)

iùs	gauchement.

. . . .
. . . .

. . . .

IIIe *Déclinaison.* — (30)
(IVe TABLEAU. — *FORTIS.*)

Radical.	*Désinences.*		
Campestr-	is	e	de plaine; du champ de Mars; de brigue, d'élection. . . . . . .
Cannens-	is	e	de Cannes. . . . . . .
Capital-	is	e	mortel, dangereux; capital, digne de mort; ingénieux. . . . . . .
Carthaginens- } Carthaginiens- }	is	e	Carthaginois, de Carthage.
Cereal-	is	e	de Cérès, qui la concerne.
Circular-	is	e	circulaire. . . . . . .
Coæqual-	is	e	du même âge, camarade.
Compital-	is	e	de carrefour. . . . . .
Consular-	is	e	consulaire, de Consul. .
Contubernal-	is	e	qui loge sous la même tente, dans la même chambre; collègue, confrère, camarade. . .
Corinthiens-	is	e	Corinthien, de Corinthe.
Cretens-	is	e	Crétois, de Crète. . . .
Curul-	is	e	curule; de char, de chariot.
Dissimil-	is	e	dissemblable, différent. .
Exanim-	is	e	mort; consterné, épouvanté. . . . .
Fecial-	is	e	qui concerne les hérauts d'arme. . . . . . .
Fictil-	is	e	fait d'argile, de terre à potier. . . . .

Désinences adverbiales.

. . . .
. . . .

iter — mortellement, criminellement.

. . . .

. . . .
. . . .
. . . .
. . . .

iter — d'une manière digne d'un consul.

. . . .
. . . .
. . . .
. . . .

iter — différemment, diversement.

. . . .

. . . .

. . . .

IIIe *Déclinaison.* —(30)

(IVe TABLEAU—*FORTIS.*)

Radical.	*Désinences.*		
Flebil-	is	e	digne d'être pleuré ; qui pleure, lamentable, lugubre, triste. . . . .
Funebr-	is	e	funèbre, de deuil ; funeste, mortel. . . . .
Habil-	is	e	commode à tenir, à manier ; convenable ; habile. . . . .
Humil-	is	e	bas, rampant ; baissé contre terre ; lâche, vil ; humble. . . . .
Ignobil-	is	e	inconnu, sans gloire ; de basse naissance, ignoble.
Impub-	is	e	qui n'a pas atteint l'âge de puberté. . . . . . .
Incredibil-	is	e	incroyable, qu'on ne croit pas ; incrédule. . . .
Inæstimabil-	is	e	qui n'est d'aucun prix, inestimable ; inappréciable. . . . .
Irrevocabil-	is	e	irrévocable, qu'on ne saurait rappeler, faire revenir. . . . .
Lev-	is	e	léger, petit, mince ; faible, de peu de valeur ; doux ; inconstant. . .
Lugubr-	is	e	lugubre, funèbre, de deuil.
Martial-	is	e	martial, de Mars, de la guerre. . . . . . .

Désinences adverbiales.

è, iter	d'une manière lamentable, triste.
. . . .	
iter	commodément, habilement, facilement.
iter	d'une manière basse, bas; lâchement, humblement.
iter	avec bassesse, sans élévation.
. . . .	
iter	incroyablement.
. . . .	
iter	irrévocablement.
iter	légèrement; peu, médiocrement.
è, iter	d'une manière, d'un ton lugubre.

. . . .

IIIe *Déclinaison.* — (30)
(IVe TABLEAU. — *FORTIS.*)

Radical.	*Désinences.*		
Megalens-	is	e	qui concerne les jeux de Cybèle. . . . . . .
Militar-	is	e	de guerre, militaire, guerrier, belliqueux. . .
Mural-	is	e	de mur, de muraille; murale . . . .
Mutinens-	is	e	de Modène . . . . . .
Natural-	is	e	naturel, vrai . . . . . .
Naval-	is	e	naval; qui concerne la navigation, la marine; de mer, de navire. . . .
Nobil-	is	e	connu, célèbre, fameux; excellent; noble. . .
Obsidional-	is	e	de siège, obsidional. . .
Parabil-	is	e	facile à obtenir, qu'on peut aisément se procurer. . . . .
Pedicular-	is	e	qui concerne les poux, la vermine. . . . .
Perutil-	is	e	très utile. . . . .
Placabil-	is	e	facile à apaiser; propre à apaiser. . . . . .
Popular-	is	e	populaire, du peuple, puéril, commun, vulgaire.
Qual-	is	e	quel, que; tel que. . . .
Regal-	is	e	royal, de roi. . . . . .
Sæcular-	is	e	séculaire, qui se fait de siècle en siècle. . . .
Segn-	is	e	lent, tardif, paresseux. .

Désinences adverbiales.

. . . .

iter — en soldat, en homme de guerre.

. . . .

. . . .

iter, itùs — naturellement.

. . . .

iter — noblement, excellemment, d'une manière illustre.

. . . .

. . . .

. . . .

. . . .

iter — d'une manière propre à apaiser.

iter — populairement, avec affabilité.

iter — comme, de même que.

iter — royalement, en roi.

. . . .

iter — lentement, pesamment; avec nonchalance, lâchement.

IIIe *Déclinaison.* — (30).

(IVe TABLEAU — *FORTIS.*)

Radical.	*Désinences.*		
Semicircular-	is	e	demi circulaire. . . . .
Social-	is	e	qui concerne les alliés; sociable, amical, conjugal. . . . .
Sublim-	is	e	haut, élevé; sublime, grand, illustre; fier. .
Sublustr-	is	e	un peu clair. . . . . .
Tal-	is	e	tel, pareil, semblable. .
Triumphal-	is	e	triomphal, de triomphe.
Uticens-	is	e	d'Utique (ville d'Afrique où Caton se tua). . .
Viril-	is	e	viril, d'homme, mâle; courageux.
Vulgar-	is	e	vulgaire, commun, ordinaire; trivial.

— ADJECTIFS comparatifs. —

Citeri-	or	us	citérieur, plus en deçà, moindre, inférieur. .
Inferi-	or	us	plus bas, moins élevé; postérieur, inférieur. . .
Juni-	or	us	plus jeune, trop jeune. .
Poti-	or	us	meilleur, plus cher, préférable. . . . . .
Propri-	or	us	plus propre. . . . . .

Désinences adverbiales.

. . . .

iter	en bon camarade, en ami.
è, iter	en haut, bien haut; d'une manièr élevée, sublime.

. . . .

iter	tellement, de telle manière.

. . . .

. . . .

iter	d'une manière virile, en homme de cœur.
iter	vulgairement, communément.

IIIe *Déclin.*—VIe TAB.—*SANCTIOR* (32).

ùs	moins qu'il ne faut, moins qu'on ne doit.
ùs	au dessous, plus bas; moins bien, plus mal.

. . . .

ùs	plutôt, préférablement.

. . . .

IIIe *Déclinaison.* — (32)

(VIe TABLEAU. — *SANCTIOR.*)

Radical.	*Désinences.*		
Sati-	or	us	plus avantageux, plus utile. . . . .
Seni-	or	us	plus vieux, plus ancien, vieillard. . . . . . .
Superi-	or	us	plus haut, plus élevé; supérieur; plus ancien.

Désinences adverbiales.

ùs mieux, plus à propos.

. . . .

ùs plus haut; ci-dessus; auparavant.

Première Conjugaison. —(40 et 41)

(Ier TABLEAU. — *AMO.* (are — as.)

Radical.	*Désinences.*			
Abdic-	o	avi	atum	abdiquer, renoncer, abandonner; déposer; désapprouver.
Abrog-	»	»	»	abroger, annuler, casser; ôter.
Acclam-	»	»	»	approuver par acclamation; désapprouver par des huées.
Agit-	»	»	»	chasser devant soi, poursuivre; agiter; mener; passer; penser.
Alien-	»	»	»	aliéner, céder; repousser; corrompre; désunir, réfroidir.
Ampli-	»	»	»	augmenter, étendre; amplifier, exagérer.
Amplific-	»	»	»	
Antiqu-	»	»	»	rejeter, désapprouver, s'opposer à.
Ar-	»	»	»	labourer, cultiver la terre.
Assign-	»	»	»	assigner, distribuer; attribuer; confier; sceller.
Castig-	»	»	»	punir, châtier; réprimander; réprimer; polir.
Cess-	»	»	»	se relâcher, se désister; cesser; être en repos; négliger.
Cognomin-	»	»	»	surnommer, donner un surnom.
Compil-	»	»	»	piller, dépouiller; compiler, recueillir.

Première Conjugaison.—(40 et 41)
(1er TABLEAU.—*AMO.* (are—as.)

Radical.	*Désinences.*			
Concelebr-	o	avi	atum	fréquenter, peupler; célébrer, rendre célèbre.
Concili-	»	»	»	condenser; joindre; concilier, rendre favorable; attirer; causer.
Conclam-	»	»	»	crier plusieurs ensemble.
Conflagr-	»	»	»	être embràsé; brûler, consumer.
Confl-	»	»	»	souffler ensemble ou avec; allumer, exciter; fondre, forger; former.
Consalut-	»	»	»	s'entre-saluer; saluer tous ensemble.
Conserv-	»	»	»	conserver, garder, défendre; garantir.
Consult-	»	»	»	consulter; pourvoir; délibérer,
Convect-	»	»	»	porter, charier.
Crem-	»	»	»	mettre le feu, embràser.
Crimin-	»	»	»	accuser, blâmer, invectiver.
Decor-	»	»	»	décorer, embellir; honorer.
Deneg-	»	»	»	nier; dénier, refuser; disconvenir.
Denud-	»	»	»	dépouiller, découvrir; priver, dénuer.
Desider-	»	»	»	desirer, vouloir, exiger; regretter.
Detrect-	»	»	»	refuser de faire, rejeter; décrier, blâmer.

Première Conjugaison.—(40 et 41)

(Ier TABLEAU. — *AMO.* (are—as.)

Radical.	*Désinences.*			
Deturb-	o	avi	atum	abattre, culbuter; faire perdre.
Devast-	»	»	»	dévaster, ravager, désoler.
Dign-	»	»	»	croire, estimer, juger digne de.
Disput-	»	»	»	couper, tailler; discourir; discuter, disputer.
Disturb-	»	»	»	abattre, détruire, bouleverser; troubler, déconcerter.
Dit-	»	»	»	enrichir, rendre riche.
Duplic-	»	»	»	doubler, redoubler; augmenter; courber.
Effemin-	»	»	»	efféminer, énerver, amollir, corrompre.
Efflagit-	»	»	»	demander avec instance, prier, conjurer, solliciter.
Enerv-	»	»	»	énerver, amollir.
Evit-	»	»	»	éviter, fuir, se dérober.
Evoc-	»	»	»	appeler, convoquer, attirer; évoquer; citer; exciter.
Exacerb-	»	»	»	irriter, aigrir, aggraver.
Exar-	»	»	»	déterrer; labourer, cultiver; récolter; tracer.
Exasper-	»	»	»	rendre rude, inégal; aigrir, irriter, exaspérer.

Ire *Conjugaison.* — (40 et 41.)

(Ier TABLEAU. — *AMO.* (are — as.)

Radical.	*Désinences.*			
Excalce-	o	avi	atum	déchausser, ôter la chaussure.
Excus-	»	»	»	excuser, disculper, justifier ; alléguer pour excuse ; se défendre de.
Fabric-	»	»	»	fabriquer, construire, travailler ; former.
Flagit-	»	»	»	demander avec importunité, avec clameur ; exiger ; accuser.
Fœder-	»	»	»	liguer, unir, faire alliance.
Fraud-	»	»	»	frauder, tromper ; priver.
Fug-	»	»	»	mettre en fuite, en déroute, repousser.
Hæsit-	»	»	»	être arrêté, demeurer court ; hésiter ; délibérer.
Hebet-	»	»	»	émousser, obscurcir ; appesantir ; affaiblir.
Idu-	»	»	»	diviser, séparer.
Incit-	»	»	»	pousser violemment ; exciter, animer, encourager.
Initi-	»	»	»	initier ; donner les premiers élémens ; commencer.
Inquin-	»	»	»	souiller, salir ; corrompre ; déshonorer.
Insinu-	»	»	»	mettre dans le sein ; faire pénétrer, introduire, insinuer ; s'insinuer.

Ire *Conjugaison.* — (40 et 41.)

(Ier TABLEAU. — *AMO.* (are — as.)

Radical.	*Désinences.*			
Inspect-	o	avi	atum	voir, considérer, examiner, inspecter.
Inund-	»	»	»	inonder, déborder, se répandre.
Investig-	»	»	»	suivre la piste; rechercher d'une manière suivie; découvrir.
Iter-	»	»	»	refaire, faire de nouveau, recommencer; répéter, réitérer.
Jact-	»	»	»	jeter souvent, porter çà et là; vanter; divulguer.
Labor-	»	»	»	travailler, se donner de la peine; souffrir, être tourmenté; s'efforcer.
Lax-	»	»	»	élargir, étendre; relâcher, amollir; délivrer.
Loc-	»	»	»	mettre, placer, établir; donner à bail.
Locuplet-	»	»	»	enrichir, rendre riche.
Lustr-	»	»	»	purifier par des aspersions; parcourir, visiter.
Mact-	»	»	»	immoler, sacrifier, tuer; augmenter; combler, accabler.
Navig-	»	»	»	naviguer, aller sur mer.
Nobilit-	»	»	»	rendre illustre, illustrer, mettre en réputation; donner du prix.

Ire *Conjugaison.*—(40 et 41.)

(Ier TABLEAU.—*AMO.* (are—as.)

Radical.	*Désinences.*			
Objurg-	o	avi	atum	réprimander, reprendre vivement; reprocher; punir.
Obscur-	»	»	»	obscurcir, ternir; cacher, voiler, envelopper.
Obstin-	»	»	»	opiniâtrer, obstiner; s'opiniâtrer, s'obstiner.
Obtrunc-	»	»	»	tailler; couper; tailler en pièces.
Oner-	»	»	»	charger; emplir, combler de.
Oppugn-	»	»	»	attaquer, assiéger, assaillir.
Opt-	»	»	»	faire choix, choisir, opter; souhaiter, désirer.
Orb-	»	»	»	ôter, ravir; priver un père de ses enfans, un enfant de son père.
Ordin-	»	»	»	ordonner, arranger, disposer, régler.
Ostent-	»	»	»	montrer souvent, offrir; découvrir; vanter, faire parade.
Patr-	»	»	»	faire, finir, achever, exécuter.
Percelebr-	»	»	»	publier, vanter partout.
Perfor-	»	»	»	percer, trouer, perforer.
Permut-	»	»	»	changer, échanger; acheter.

Ire *Conjugaison.*—(40 et 41.)

(Ier TABLEAU.—*AMO.* (are—as.)

Radical.	*Désinences.*			
Peror-	o	avi	atum	achever, conclure un discours; déclamer, pérorer.
Popul-	»	»	»	faire du dégât, ravager, saccager; dépeupler.
Præcipit-	»	»	»	précipiter, jeter.
Præpar-	»	»	»	préparer, apprêter, disposer.
Priv-	»	»	»	priver, dépouiller, frustrer; exempter.
Procre-	»	»	»	engendrer, procréer, produire; causer.
Prorog-	»	»	»	proroger, prolonger; attendre, différer; conserver.
Recre-	»	»	»	créer de nouveau, reproduire; réélire; rendre les forces, réjouir, récréer.
Redintegr-	»	»	»	renouveler, recommencer; répéter; rétablir.
Reformid-	»	»	»	craindre, appréhender.
Releg-	»	»	»	renvoyer, reléguer, bannir; séparer; attribuer.
Relig-	»	»	»	lier, attacher.
Renov-	»	»	»	renouveler, recommencer.
Repugn-	»	»	»	résister, se défendre; s'opposer, contredire.
Reser-	»	»	»	ouvrir; découvrir, expliquer.
Rig-	»	»	»	arroser, baigner.
Sagin-	»	»	»	engraisser, nourrir.

Ire *Conjugaison.* —(40 et 41.)

(Ier TABLEAU. — *AMO.* (are — as.)

Radical.	*Désinences.*			
Sati-	o	avi	atum	rassasier, contenter, assouvir ; dégoûter.
Sordid-	»	»	»	salir ; gâter.
Stip-	»	»	»	épaissir ; remplir, boucher ; entourer.
Succlam-	»	»	»	faire des acclamations ; pousser des cris d'approbation ou de mécontentement.
Suffoc-	»	»	»	étouffer, suffoquer.
Supervol-	»	»	»	voler dessus, dépasser.
Supplic-	»	»	»	supplier, prier humblement.
Trans-	»	»	»	passer à la nage.
Trucid-	»	»	»	massacrer, tailler en pièces, faire périr.
Tumult-	»	»	»	faire du tumulte ; s'emporter ; se révolter.
Vall-	»	»	»	palissader, fortifier.
Vel-	»	»	»	voiler, couvrir ; vêtir, orner ; pallier.
Verber-	»	»	»	battre de verges, fouetter ; frapper ; dire des injures.
Vocit-	»	»	»	appeler souvent, nommer fréquemment.
Vulner-	»	»	»	blesser ; offenser.

Ire *Conjugaison.* —(40 et 41.)

(Ier TABLEAU.—*AMO.* (are—as.)

Radical.	*Désinences.*	
Applic-	o avi, ui atum, itum	appliquer, mettre sur, attacher, adosser, joindre, aborder.
Atton-	o ui itum	frapper de la foudre; étonner, surprendre.
Consol-	o (s. parf. et s. supin)	consoler; adoucir; compenser; encourager.
Nec-	o avi, ui atum, tum	tuer, faire mourir.
Resec-	o avi, ui atum, tum	couper, rogner, retrancher.

—VERBES NEUTRES RÉGULIERS.—

Addubit-	o	avi	atum	douter fort, balancer beaucoup; entrer en défiance.
Cœn-	»	»	»	souper.
Demigr-	»	»	»	déloger, changer de demeure; s'éloigner, quitter.
Discord-	»	»	»	être en discorde, en mésintelligence, mal ensemble.
Equit-	»	»	»	aller, monter à cheval.
Exsult-	»	»	»	sauter, bondir; tressaillir; s'enorgueillir.
Flagr-	»	»	»	brûler, être en feu; désirer ardemment.
Fum-	»	»	»	fumer, jeter de la fumée.

(Ire *Conjugaison.* — (40 et 41.)

(Ier TABLEAU. — *AMO.* (are — as.)

Radical.	*Désinences.*			
Man-	o	avi	atum	couler, découler; se répandre, se divulguer; provenir, naître.
N-	»	»	»	nager; naviguer, flotter.
Occurs-	»	»	»	aller au devant, accourir; venir dans l'esprit; résister.
Pervol-	»	»	»	voler à travers; parcourir rapidement; se répandre promptement.
Proclam-	»	»	»	publier à haute voix, proclamer; s'écrier.
Renut-	»	»	»	rejeter, refuser par quelque signe.
Repugn-	»	»	»	résister, se défendre; s'opposer, contredire.
Respir-	»	»	»	respirer; se remettre; cesser, se ralentir.
Salt-	»	»	»	danser, sauter; représenter en dansant.
Spir-	»	»	»	souffler; sentir, exhaler; respirer; aspirer.
Supernat-	»	»	»	surnager, flotter dessus.
Ventit-	»	»	»	aller, venir souvent, fréquemment.

VERBES NEUTRES IRRÉGULIERS.

Cunct-	o (s. parf. et s. sup).	temporiser, différer, hésiter, s'arrêter.

Ire *Conjugaison.* — (40 et 41.)

(Ier TABLEAU. – *AMO.* (are—as.)

Radical.	*Désinences.*			
Exst-	o	iti	itum	être élevé au-dessus, dépasser; durer, subsister; paraître.
Res-	o	iti	itum	s'arrêter, demeurer; rester; résister.
Son-	o	ui	itum	résonner, retentir; célébrer, chanter.
Superadst-	o	iti	itum	être, se tenir, paraître, s'arrêter au-dessus.

—VERBES DÉPONENS ACTIFS.—

Ire *Conjug.*—IIIe TAB. *IMITOR.* (44 et 45)

Alterc-	or,	atus	sum *ou*	fui	contester, disputer; se quereller.
Aspern-	»	»	»	»	mépriser, dédaigner, rejeter, négliger.
Comit-	»	»	»	»	accompagner, suivre, escorter.
Consol-	»	»	»	»	consoler; adoucir; compenser; encourager.
Crimin-	»	»	»	»	accuser, blâmer; invectiver.
Deoscul-	»	»	»	»	baiser tendrement.
Detest-	»	»	»	»	prendre à témoin; faire des imprécations; détourner par ses prières; détester.

Ire *Conjugaison.* (44 et 45)

(IIIe TABLEAU. — *IMITOR.*)

Radical.	*Désinences.*				
Dign-	or,	atus sum	*ou*	fui	croire, estimer, juger digne.
Fabric-	»	»	»	»	fabriquer, construire, travailler ; former.
Insect-	»	»	»	»	poursuivre avec ardeur ; persécuter.
Insidi-	»	»	»	»	dresser des embûches, épier.
Moder-	»	»	»	»	conduire, gouverner, régler ; modérer, réprimer.
Modul-	»	»	»	»	conduire la voix ou les sons, moduler.
Oblect-	»	»	»	»	divertir, réjouir.
Omin-	»	»	»	»	présager, augurer.
Pisc-	»	»	»	»	pêcher (prendre du poisson.)
Popul-	»	»	»	»	faire du dégât, saccager, ravager ; dépeupler.
Præd-	»	»	»	»	voler, piller ; prendre.
Suspic-	»	»	»	»	soupçonner, se défier ; conjecturer ; espérer.
Vocifer-	»	»	»	»	crier fort, vociférer.

— VERBES DÉPONENS NEUTRES. —

Cunct-	or	atus sum	*ou*	fui	temporiser, différer, hésiter, s'arrêter.

Ire *Conjugaison.* (44 et 45.)

(IIIe TABLEAU. — *IMITOR.*)

Radical.	*Désinences.*				
Frument-	or,	atus	sum *ou*	fui	faire trafic ou fourniture de blé.
Grav-	»	»	»	»	avoir de la peine à ; supporter impatiemment.
Joc-	»	»	»	»	se jouer, plaisanter.
Pal-	»	»	»	»	errer ; être irrésolu.
Rustic-	»	»	»	»	demeurer à la campagne, se livrer aux travaux rustiques.
Tergivers-	»	»	»	»	tergiverser, chercher des détours, user de supercherie ; être lent.
Tumult-	»	»	»	»	fairedu tumulte;s'emporter ; se révolter.
Vers-	»	»	»	»	tourner ; demeurer ; fréquenter ; être ; exercer.

VERBES ACTIFS RÉGULIERS.

IIe *Conjugaison.* — (46 et 47)

(Ier TABLEAU. — *MONEO.* (ere — es.)

Commmon-	eo	ui	itum	faire souvenir, avertir ; remontrer.

IIe *Conjugaison.* —(46 et 47.)

(Ier TABLEAU.—*MONEO.* (ere—es.)

Radical.	*Désinences.*			
Exerc-	eo	ui	itum	travailler, cultiver; faire, exercer; agiter, inquiéter.
Exterr-	»	»	»	épouvanter, effrayer, intimider.
Posthab-	»	»	»	estimer moins, se soucier moins.
Terr-	»	»	»	épouvanter, effrayer.

—VERBES ACTIFS IRRÉGULIERS.—

Absor-b	eo	bui, psi	ptum	absorber; avaler, engloutir; emporter; ruiner.
Abster-g-	eo	si	sum	essuyer, nettoyer; emporter; dissiper.
Admi-sc-	eo	scui	xtum	mêler à, mélanger; confondre avec.
Cens-	eo	ui	um	être d'avis, penser, juger; ordonner; faire le dénombrement.
Circumse-d-	eo	ssi	ssum	être assis autour; assiéger, investir.
Circums-id-	eo	edi	essum	(même sens)
Compl-	eo	evi	etum	remplir; compléter, achever; égaler.
Det-in-	eo	inui	entum	tenir, retenir; retarder; détourner.

IIe *Conjugaison.* — (46 et 47.)

(TABLEAU. — *MONEO.* (ere — es.)

Radical.	*Désinences.*	
Expl-	eo evi etum	remplir, combler; compléter, achever; satisfaire.
Intermi-sc-	eo scui stum, xtum	entremêler, confondre.
Intor-qu-	eo si tum	tordre, entortiller; lancer.
Mi-sc-	eo scui xtum, stum	mêler; confondre, troubler.
Obtor-qu-	eo si tum	tordre, tourner avec effort.
Permul-c-	eo si sum, ctum	flatter avec la main, caresser; apaiser.
Refo-v-	eo vi otum	réchauffer, fomenter; ranimer; rétablir.
Remo-v-	eo vi tum	remuer, déplacer; éloigner, repousser.
Repl-	eo evi etum	remplir de nouveau, combler; suppléer.
Submo-v-	eo vi tum	éloigner, écarter, reculer, séparer.
Ur-g-	eo si sum	presser, pousser.

— VERBES NEUTRES RÉGULIERS. —

Clar-	eo ui (sans supin)	être clair, évident; briller; se distinguer.
Contic-	eo ui (sans supin)	se taire ensemble.
Conval-	eo ui itum	croître, se fortifier.

IIe *Conjugaison.* — (46 et 47)

(Ier TABLEAU. — *MONEO.* (ere—es)

Radical.	*Désinences.*			
Delit-	eo	ui	(sans supin)	se cacher, se tenir caché.
Eg-	»	»	(idem.)	manquer de, avoir besoin.
Elangu-	»	»	(idem.)	languir, s'affaiblir, s'abattre.
Erub-	»	»	(idem.)	rougir de honte, de pudeur, avoir honte.
Extim-	»	»	(idem.)	redouter, craindre, appréhender.
Incal-	»	»	(idem.)	s'échauffer ; devenir chaud.
Indig-	»	»	(idem.)	avoir besoin, manquer de.
Mer-	»	»	itum	mériter, acquérir.
Obstup-	»	»	(sans supin)	devenir stupide, être interdit, stupéfait.
Promin-	»	»	(idem.)	s'élever, paraître au-dessus ; s'avancer, saillir.
Stup-	»	»	(idem.)	devenir ou être engourdi, étourdi, surpris ; s'étonner.

VERBES NEUTRES IRRÉG. ou DÉFECT.

Ass-id-	eo edi essum	être assis ou placé auprès ; assiéger.
Av-	eo (s. parf. et s. sup.)	désirer avec ardeur.

IIe *Conjugaison*. (46 et 47)
(Ier TABLEAU. — *MONEO* (ere—es.)

Radical.	*Désinences.*	
Exar-d-	eo si (sans supin)	s'enflammer, s'embrâser.
Expav-	eo i (idem.)	s'épouvanter, être saisi d'effroi.
Indul-g-	eo si sum, tum	être indulgent, choyer; s'adonner; accorder.
Mœ-r-	eo stussum ou fui	être triste, s'affliger.
Perman-	eo si sum	durer, demeurer, persister.
Prælu-c	eo xi (sans supin)	éclairer, donner de l'éclat; être très brillant.
Relu-c	eo xi (idem.)	reluire, briller.
Subri-d-	eo si sum	sourire.
Suspen-d-	eo si sum	pendre au-dessus, être suspendu.

— VERBES DÉPONENS ACTIFS. —

IIe *Conj.*-IIIe TABL.-*POLLICEOR.* (50, 51)

Emer-	eor itus sum ou fui	mériter; gagner, obtenir.
Mer-	» » »	mériter; gagner; être à la solde, servir.

IIIe *Conjugaison.* — (52 et 53)

(Ier TABLEAU. — *LEGO.* (ere — is.)

Radical.	*Désinences.*	
Abru-mp-	o pi ptum	séparer en rompant, rompre, briser, casser ; arracher.
Absci-d-	o di sum	trancher, retrancher, couper ; déchirer ; séparer ; ôter.
Absci-nd-	o di ssum	
Absum-	o psi ptum	consumer ; dissiper ; absorber.
Accin-g-	o xi ctum	ceindre, relever ; préparer.
Adve-h-	o xi ctum	amener, apporter, importer.
Appen-d-	o di sum	peser ; donner au poids ; suspendre.
Applau-d-	o si sum	applaudir.
Ascri-b-	o psi ptum	ajouter à un écrit, souscrire ; inscrire ; intituler.
Asper-g-	o si sum	arroser, humecter ; répandre.
Assu-	o di tum	coudre à ; rapiécer.
Circumdu-c-	o xi ctum	conduire, mener autour ; prolonger ; tromper.
Circumpo-n-	o sui situm	placer, ranger autour.
Circumscri-b-	o psi ptum	écrire, tracer autour ; circonscrire ; définir ; comprendre ; tromper.
Com-	o psi psum, ptum	peigner, ajuster.

IIIe Conjugaison. — (52 et 53)
(Ier TABLEAU. — *LEGO*. (ere — is.)

Radical.	*Désinences.*			
Compr-im-	o	essi	essum	comprimer; apaiser, réprimer; cacher.
Condu-c-	o	xi	ctum	conduire, assembler; entreprendre.
Confi-g-	o	xi	xum	clouer, attacher, percer.
Consci-sc-	o	vi	tum	arrêter, résoudre d'un commun accord; procurer, donner.
Conscri-b-	o	psi	ptum	écrire; enrôler.
Cont-ing-	o	igi	actum	toucher, atteindre; être voisin; arriver.
Contradi-c-	o	xi	ctum	contredire, objecter, contester.
Conve-h-	o	xi	ctum	mener, transporter.
Conv-ell-	o	elli, ulsi	ulsum	arracher, déraciner; ébranler, détruire; abolir.
Deg-	o	i (sans supin)		mener, passer; habiter.
Dem-	o	psi	ptum	ôter, diminuer, retrancher.
Dep-ell-	o	uli	ulsum	repousser, chasser, éloigner.
Depr-im-	o	essi	essum	rabaisser, enfoncer, couler à fond; accabler; déprimer.
Descri-b-	o	psi	ptum	transcrire, copier; dessiner; décrire; désigner; extraire.
Desum-	o	psi	ptum	prendre, tirer de, choisir.

IIIe *Conjugaison.*—(52 et 53)

(Ier TABLEAU.—*LEGO.* (ere—is.)

Radical.	*Désinences.*	
Deve-h-	o xi ctum	porter de haut en bas, transporter.
Dedu-c-	o xi ctum	conduire de côté et d'autre ; diviser ; ouvrir, déduire.
Dilu-	o i tum	nettoyer en lavant, délayer, dissiper.
Dir-ig-	o exi ectum	tirer en ligne droite ; ranger ; diriger ; régler.
Dir-im-	o emi emptum	séparer; interrompre; terminer.
Discerp-	o si tum	déchirer ; diviser.
Disper-g-	o si sum	disperser, répandre ; diviser.
Diss-er-	o evi itum	semer, planter de côté et d'autre.
Distra-h-	o xi ctum	séparer violemment, diviser ; distraire.
Divend-	o idi itum	vendre en détail.
Diver-t-	o ti sum	tourner différemment; se diriger vers; se détourner ; aller loger.
Eli-d-	o si sum	briser, écraser, presser ; élider.
Eru-	o i tum	arracher, tirer dehors ; déterrer ; détruire.
Exclu-d-	o si sum	exclure, empêcher d'entrer ; excepter.

IIIe *Conjugaison.*—(51 et 52)
(Ier TABLEAU.—*LEGO.* (ere—is.)

Radical.	*Désinences.*	
Exc-ol-	o olui ultum	cultiver avec soin, orner; polir; honorer.
Exer-	o ui tum	tirer dehors, montrer.
Ex-im-	o emi emptum	ôter, arracher; délivrer.
Exp-ell-	o uli ulsum	chasser, bannir, repousser.
Expo-sc-	o posci scitum	demander, prier avec instance.
Exprom-	o psi ptum	tirer ou mettre dehors, montrer; déclarer.
Exsci-nd-	o di ssum	couper, retrancher; détruire.
Exstri-ng-	o nxi ctum	étreindre, resserrer.
Exsu-g-	o xi ctum	sucer, attirer en suçant.
Extim-esc-	o ui (sans supin)	redouter, appréhender.
E-xtoll-	o xtuli latum	lever, élever, relever; louer beaucoup.
Fi-g-	o xi xum	ficher, planter, enfoncer; percer; afficher.
Ic-	o i tum	frapper, battre; atteindre.
Illu-d-	o si sum	se jouer; railler, insulter; perdre.

IIIe *Conjugaison.* — (52 et 53)
(Ier TABLEAU. — *LEGO.* (ere — is.)

Radical.	*Désinences.*		
Imbu-	o	i tum	imbiber, mouiller, tremper; remplir.
Impen-d-	o	di sum	dépenser, faire des frais.
Imp-ing-	o	egi actum	heurter, jeter contre.
Implec-t-	o	(s. p. ni sup.)	entrelacer.
Impr-im-	o	essi essum	imprimer, empreindre, graver.
Indu-	o	i tum	vêtir, revêtir.
Infli-g-	o	xi ctum	appliquer, frapper avec violence; infliger.
Inscen-d-	o	di sum	monter dans ou sur.
Inscri-b-	o	psi ptum	inscrire, intituler, mettre une inscription.
Ins-id-	o	edi essum	s'asseoir, se poser sur,
Inst-ern-	o	ravi ratum	étendre par-dessus.
Instru-	o	xi ctum	bâtir, construire; ranger; préparer; instruire.
Interpo-n-	o	sui situm	insérer; interposer; aposter.
Interru-mp-	o	pi ptum	rompre par le milieu; interrompre.
Interver-t-	o	ti sum	intervertir; détourner; frauder; dissiper.
Intromi-tt-	o	si ssum	introduire; admettre.
Inve-h-	o	xi ctum	importer, apporter, entraîner.

IIIe *Conjugaison.* — (52 et 53)
(Ier TABLEAU. — *LEGO.* (ere — is.)

Radical.		*Désinences.*		
Invol-v-	o	vi	utum	envelopper, entortiller.
Læ-d-	o	si	sum	blesser, nuire; outrager.
Man-d-	o	di	sum	manger, mâcher.
Manumi-tt-	o	si	ssum	affranchir, mettre en liberté.
Mer-g-	o	si	sum	plonger dans l'eau, submerger.
Obe-d-	o	si	sum	manger, ronger autour.
Obl-in-	o	evi	itum	oindre, enduire; boucher.
Obstri-ng-	o	nxi	ctum	serrer étroitement.
Perdu-c-	o	xi	ctum	conduire, amener.
Perle-g-	o	gi	ctum	lire entièrement.
Perp-ell-	o	uli	ulsum	pousser; émouvoir; persuader.
Perstri-gn-	o	nxi	ctum	serrer fortement.
Pi-ng-	o	nxi	ctum	peindre; orner; broder.
Præc-in-	o	inui	entum	commencer le chant, préluder; prédire.
Præfi-g-	o	xi	ctum	attacher devant, planter.
Præsum-	o	psi	ptum	prendre auparavant, anticiper; présumer.
Præver-t-	o	ti	sum	devancer, précéder; prévenir.
Prosci-nd-	o	di	ssum	fendre; déchirer.
Proscri-b-	o	psi	ptum	afficher; proscrire.

IIIe *Conjugaison.* —(52 et 53)
(Ier TABLEAU.—*LEGO.* (ere—is.)

Radical.	*Désinences.*			
Pu-ng-	o	nxi,pugi	nctum	piquer, aiguillonner.
Redargu-	o	i	tum	réfuter, reprendre, blâmer.
Red-ig-	o	egi	actum	ramener, remener; réduire; rédiger.
Refle-ct-	o	xi	xum	recourber, replier; retourner; réfléchir.
Refr-ing-	o	egi	actum	briser, rompre.
Rep-ell-	o	uli	ulsum	repousser, rejeter.
Repo-sc-	o	posci	scitum	redemander, exiger.
Repromi-tt-	o	si	ssum	s'engager réciproquement, promettre.
Requi-r-	o	sivi	situm	rechercher; désirer; regretter.
Resci-nd-	o	di	ssum	couper; annuler.
Resper-g-	o	si	sum	arroser.
Resum-	o	psi	ptum	reprendre; résumer.
Retra-h-	o	xi	ctum	tirer, retirer; ramener.
S-ist-	o	titi	tatum	retenir, arrêter; placer; s'arrêter.
Spar-g-	o	si	sum	semer, répandre, diviser.
Subdu-c-	o	xi	ctum	tirer, retirer; ôter.
Sub-ig-	o	egi	actum	mener dessous, remuer; subjuguer; contraindre.
Submi-tt-	o	si	ssum	envoyer sous main; aposter; substituer; baisser; soumettre.
Subr-ig-	o	exi	ectum	dresser.

IIIe *Conjugaison.*—(52 et 53)

(Ier TABLEAU.—*LEGO.* (ere—is.)

Radical.	*Désinences.*			
Subscri-b-	o	psi	ptum	souscrire, approuver.
Substitu-	o	i	tum	soumettre; substituer.
Succin-g-	o	xi	ctum	ceindre, retrousser; environner
Suffi-g-	o	xi	xum	attacher.
Superindu-	o	i	tum	vêtir par-dessus.
Suspen-d-	o	di	sum	suspendre.
Su-stoll-	o	stuli	blatum	élever.
Transfi-g-	o	xi	xum	percer de part en part.
Trans-ig-	o	egi	actum	pousser à travers; passer; finir; transiger.
Transmi-tt-	o	si	ssum	transmettre; traverser, passer; laisser passer.

—VERBES NEUTRES.—

Accur-r-	o	ri	sum	accourir.
Assur-g-	o	rexi	rectum	se lever; s'élever; relever.
Congru-	o	i	(sans sup.)	aller, voler de compagnie; s'accorder.
Contic-esc-	o	ui	(sans supin)	se taire ensemble, rester court;
Conval-esc-	o	ui	(sans supin)	croître; se fortifier, se rétablir, être en convalescence.
Difflu-	o	xi	xum	couler de côté et d'autre, se répandre.
Discur-r-	o	ri	sum	courir çà et là.
Ditesc-	o	(s. p. et s. sup.)		s'enrichir.

IIIe *Conjugaison.* —(52 et 53)
(Ier TABLEAU. — *LEGO.* (ere—is.)

Radical.	*Désinences.*		
Elangu-esc-	o	i (sans sup.)	languir, devenir languissant, s'affaiblir.
Enit-esc-	o	ui (idem)	briller, reluire; se distinguer.
Erub-esc-	o	ui (idem)	rougir de honte, avoir honte.
Exar-desc-	o	si (sans sup.)	s'enflammer.
Expav-esc-	o	i (idem)	s'épouvanter.
Illu-cesc-	o	xi (idem)	luire, briller.
Incal-esc-	o	ui (idem)	s'échauffer, s'animer.
Incre-sc-	o	vi tum	croître, s'augmenter.
Innot-esc-	o	ui (sans sup.)	venir à la connaissance; se faire connaître, devenir célèbre.
Ins-ist-	o	titi titum	se tenir, s'arrêter; poursuivre; insister,
Inspu-	o	i tum	cracher sur ou dans.
Insue-sc-	o	vi tum	s'accoutumer.
Mitesc-	o	(s. p. et s. sup.)	mûrir; s'attendrir, s'adoucir.
Obstrep-	o	ui (sans sup.)	faire du bruit, étourdir; murmurer.
Occi-d-	o	di sum	tomber; mourir; se coucher.
Prælu-d-	o	si sum	préluder; essayer.
Prócu-mb-	o	bui bitum	pencher, se courber; se coucher; tomber.
Repuerasc-	o	(s. p. et s. sup.)	redevenir enfant.
Serp-	o	si tum	ramper; s'insinuer.
Son-	o	(s. p. et s. sup.)	résonner; chanter; signifier.

IIIe *Conjugaison.* —(54 et 55)

(Ier TABLEAU (*bis.*)-*ACCIPIO.* (ere-is.)

Radical.	*Désinences.*	
Abr-ip-	io ipui eptum	arracher, enlever, emporter.
All-ic-	io exi ectum	allécher, attirer, inviter, gagner par caresses.
Allicefac-	io (s. p. et s. sup.)	
Assuef-ac-	io eci actum	accoutumer.
Commonef-ac-	io eci actum	faire souvenir, avertir, remontrer.
Conc-ip-	io epi eptum	prendre avec, contracter; concevoir, comprendre.
Decu-t-	io ssi ssum	abattre, faire tomber.
Der-ip-	io ipui eptum	ôter, arracher.
Discu-t-	io ssi ssum	ébranler, abattre; dissiper; discuter.
Disj-ic-	io eci ectum	jeter de côté et d'autre; abattre; disperser, dissiper.
Exc-	io ivi itum	faire sortir de; exciter; appeler.
Excu-t-	io ssi ssum	secouer, tirer de; examiner.
Inf-ic-	io eci ectum	teindre, colorer; instruire; infecter.
Inj-ic-	io eci ectum	jeter dans ou sur.
Insp-ic-	io exi ectum	regarder, examiner, sonder, inspecter.

IIIe *Conjugaison.* —(54 et 55)

(Ier TABLEAU (*bis*).—*ACCIPIO* (ere—is.)

Radical.	*Désinences.*			
Interc-ip-	io	epi	eptum	intercepter, surprendre ; interrompre.
Interj-ic-	io	eci	ectum	jeter entre, interposer.
Obstupef-ac-	io	eci	actum	étonner, rendre interdit.
Persp-ic-	io	exi	ectum	voir clairement distinguer ; connaître à fond.
Prær-ip-	io	ipui	eptum	enlever, ravir ; prévenir.

—VERBES NEUTRES.—

Aufug-	io	i	itum	fuir de, s'enfuir, se réfugier.
Desip-	io	ui (s. supin)		être sans saveur, insipide ; n'être pas sage ; être insensé.
Perfug-	io	i	itum	se réfugier dans, auprès, chez.
Profug-	io	i	itum	s'enfuir loin, chercher un asile.
Sap-	io	ivi, ui (s. sup.)		avoir du goût, de la saveur, sentir ; avoir du bon sens, être sage.
Transfug-	io	i	itum	déserter, passer à l'ennemi.

IIIe *Conjugaison.* —(60 et 61)
(IIIe TABLEAU. — *UTOR* (i—eris.)

Radical.	*Désinences.*		
Ample-ct-	or	xus sum ou fui	embrasser, environner; contenir; aimer, caresser.
Defun-g-	or	ctus »	exécuter, terminer; se délivrer; satisfaire.

—VERBES DÉPONENS NEUTRES.—

Diver-t-	or	sus sum ou fui	tourner différemment; se diriger vers; se détourner; aller loger.
Exper-gisc-	or	rectus »	se réveiller; s'animer;
Ni-t-	or	sus, xus »	s'efforcer; s'appuyer; se fier.
Pas-c-	or	tus »	paître; se repaître.
Prola-b-	or	psus »	glisser, tomber en avant, échapper; se tromper.
Rela-b-	or	psus »	remonter vers; retomber.
Rena-sc-	or	tus »	renaître, ressusciter.

—VERBE DÉPONENT ACTIF.—
IIIe TABLEAU (*bis.*)—*PATIOR* (62 et 63).

Transgre-di-	or	ssus sum ou fui	passer outre, traverser; surpasser; transgresser.

IVe *Conjugaison.* — (64 et 65)

(Ier TABLEAU. -- *AUDIO.* (ire--is.)

Radical.	*Désinences.*	
Acc-	io ivi, ii itum	appeler, mander, faire venir.
Amb-	io ivi, ii itum	aller à l'entour, parcourir, environner; circonvenir; ambitionner.
Commun-	io ivi, ii itum	munir, fortifier.
Cons-il-	io ilivi, ilui ultum	assaillir, se jeter sur.
Devin-c-	io xi ctum	lier, enchaîner.
Emoll-	io ivi itum	amollir; énerver; adoucir.
Erud-	io ivi itum	instruire, enseigner.
Exped-	io ivi, ii itum	dépêtrer; tirer, délivrer; expédier, finir; préparer; expliquer.
Moll-	io ivi, ii itum	amollir; énerver; adoucir.
Præven-	io i tum	prévenir, devancer; surpasser.
Sop-	io ivi, ii itum	assoupir, endormir.

---VERBES NEUTRES.---

Consen-t-	io si sum	être du même sentiment, s'accorder, convenir; conspirer.
Dissen-t-	io si sum	être de sentiment opposé, ne pas s'accorder, ne pas convenir.
Effut-	io ivi itum	parler légèrement.

IVe *Conjugaison.* —(64 et 65)

(Ier TABLEAU. -- *AUDIO.* (ire--is.)

Radical.	*Désinences.*			
Interven-	io	i	tum	survenir, arriver, surprendre ; intervenir,
Præsag-	io	ivi	itum	avoir quelque pressentiment, pressentir, présager.
Pros-il-	io	ilivi, ilii, ilui	ultum	sauter dehors ; jaillir ; croître.
Superven-	io	i	tum	passer dessus, venir sur, survenir ; surpasser.

—VERBES DÉPONENS ACTIFS.—

IIIe TABLEAU. — *BLANDIOR.* (68 et 69)

Eme-t-	ior	nsus sum ou fui	mesurer ; parcourir ; achever.
Ment-	ior	itus »	mentir ; contrefaire, feindre, déguiser.
Mol-	ior	itus »	remuer, mouvoir ; s'efforcer ; préparer.
Part-	ior	itus »	partager, diviser.
Sort-	ior	itus »	jeter le sort, tirer au sort ; obtenir par le sort.

— VERBES DÉPONENS NEUTRES.—

Coor-	ior	tus sum ou fui	s'élever ; s'exciter, s'émouvoir.
Præsag-	ior	(sans parfait)	avoir quelque pressentiment, pressentir, présager.

(NEUTRES.-- Ve TABLEAU--*EO*. (75)

Radical.	*Désinences.*	
Ante-	eo ivi itum	aller devant, devancer ; surpasser ; s'oppo er.
Deper-	eo ivi, ii, itum	périr, dépérir ; se perdre.

—VIe TABLEAU.--*FIO* (76.)—

Commonef-	io actus sum ou fui	être averti.

—ACTIF.--VIIe TABLEAU.--*FERO* (77)—

Di-ffer-	o stuli latum	porter çà et là ; disperser, répandre ; troubler ; différer.

--IMPERSONNEL NEUTRE.--
XVe TABLEAU--*OPORTET* (86.)

Dede-c-	et uit	n'être pas convenable, ne pas convenir ; avoir mauvaise grâce.

-- IMPERSONNEL PASSIF.--
XVIIe TABLEAU.--*DICITUR* (88.)

Tradit-	ur um est ou fuit	on dit, il est écrit ; l'histoire rapporte.

ADVERBES.

Abhìnc	d'ici ; depuis.
Aliàs	une autre fois, quelquefois, autrefois ; d'ailleurs ; autrement que ; ailleurs.
Aliquantulùm	tant soit peu.
Aliquoties	quelquefois, de temps en temps.
Certatìm	à l'envi, par émulation.
Comiter	gaîment, obligeamment, libéralement.
Compositò	d'intelligence, d'accord.
Conjunct-è, ìm	conjointement, ensemble ; étroitement.
Contrà	au contraire ; autrement ; vis-à-vis.
Copiosè	abondamment, largement.
Coràm	publiquement, ouvertement.
Demissè	bas, terre à terre ; humblement.
Dolosè	avec fourberie, artificieusement.
Dudùm	il y a peu de temps, déjà ; depuis long-temps.
Festinanter	à la hâte, promptement.
Inhonestè	malhonnêtement.
Imprimìs	en premier lieu, premièrement.
Intempestivè	hors de saison, mal à propos.
Magnoperè	beaucoup, grandement.
Miserabiliter	pitoyablement.
Molestè	avec chagrin, avec peine.
Molliter	mollement, faiblement.
Muliebriter	en femme, comme une femme.
Nimirùm	certainement ; savoir.
Nonnunquàm	quelquefois, parfois.

Nunquàm	ne jamais.
Obliquè	obliquement ; indirectement, en biaisant.
Ornatè	d'une manière ornée, élégante.
Passìm	pêle-mêle ; en désordre ; çà et là.
Paulùm	un peu, guère.
Pereleganter	très élégamment.
Pertinaciter	opiniâtrement ; avec fermeté, constance.
Precariò	en priant ; précairement, par emprunt.
Proindè	c'est pourquoi, ainsi donc ; également.
Promptè	promptement, facilement.
Propediem	au premier jour, bientôt.
Propemod-ò, ùm	presque.
Protin-àm, ìs, ùs.	de suite, sans interruption ; ensuite ; immédiatement après ; d'abord.
Proùt	selon que, comme.
Quandò	quand ? lorsque ; puisque.
Quanti	combien.
Quemadmodùm	comme, de même que ; comment.
Quî	afin, pour ; comment.
Quoàd	autant que, jusqu'à ce que.
Ritè	dans les formes, suivant les cérémonies requises ; bien.
Secret-ò, è, ìm	secrètement ; séparément, à part.
Secùs	autrement, d'une autre manière.
Separatè, ìm	séparément, en particulier.
Serò	tard ; au soir, sur le soir.
Solùm	seulement.

Stolidè	sottement, en étourdi.
Totiès	autant de fois, tant de fois.
Turmatim	par escadrons; en foule.
Ultrà	de plus, davantage, outre cela.
Usquàm	en quelque lieu.
Usquè	toujours; jusque.
Videlicet	par exemple; certes; c'est-à-dire.
Viritìm	par homme, par tête; séparément.
Vulgò	en tout lieu, partout; vulgairement, publiquement.

FIN.

IMPRIMÉ CHEZ PAUL RENOUARD,
RUE DE L'HIRONDELLE, N° 22.

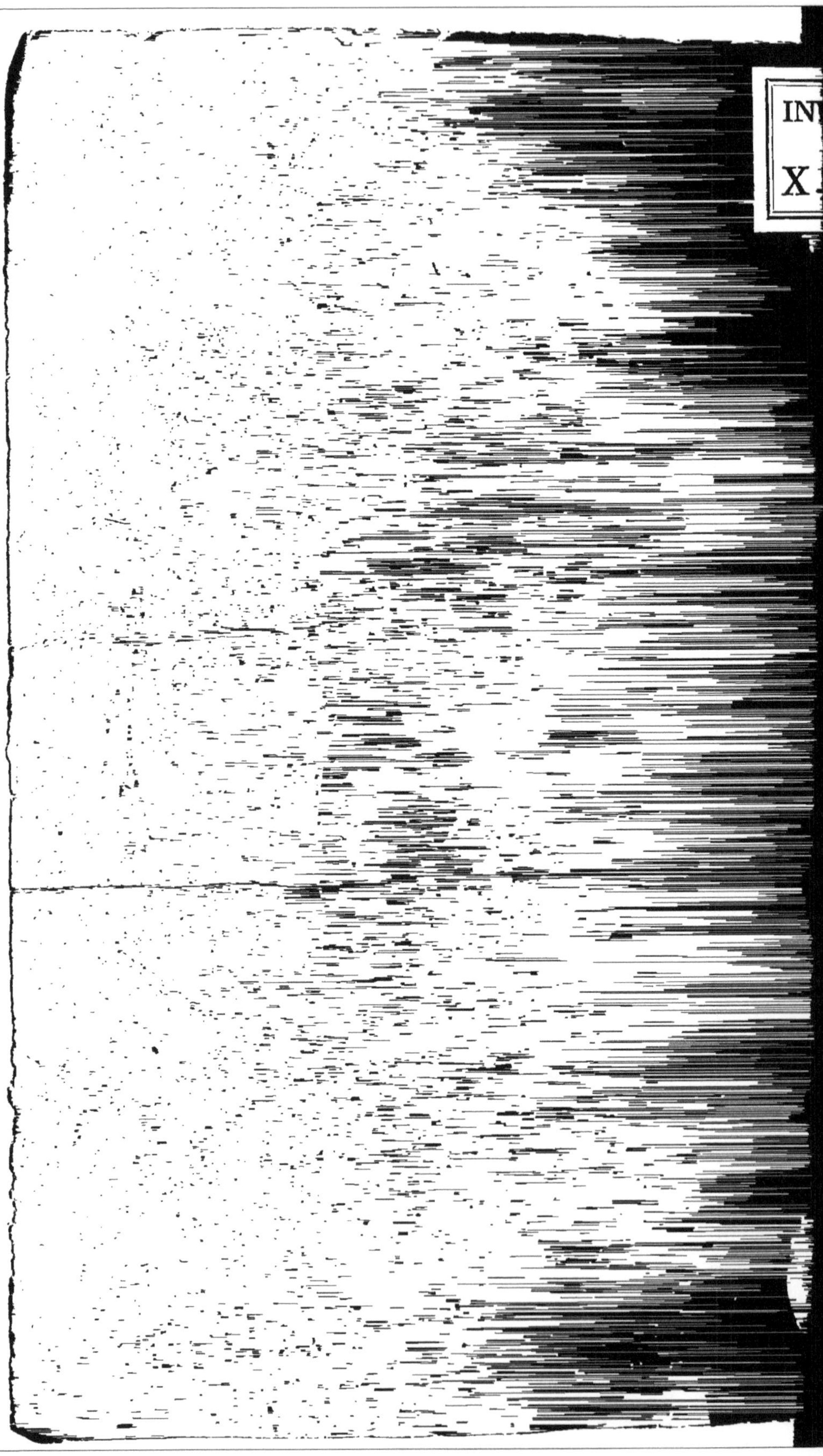

www.ingramcontent.com/pod-product-compliance
Ingram Content Group UK Ltd.
Pitfield, Milton Keynes, MK11 3LW, UK
UKHW020322250726
13967UKWH00004B/1805